親鸞聖人の花びら

桜の巻

教え、仏事、なぜなぜ問答

高森顕徹

1万年堂出版

はじめに

一々《いちいち》の花《はな》のなかよりは
三十六百千億《さんじゅうろっぴゃくせんおく》の
光明《こうみょう》照《て》らして朗《ほが》らかに
至《いた》らぬ処《ところ》はさらになし
（親鸞聖人《しんらんしょうにん》）

大輪《たいりん》の妙華《みょうか》が心に開いた、親鸞聖人《しんらんしょうにん》の述懐《じゅっかい》です。その無数の花びらから漂《ただよ》う香《こう》気《き》は、大衆を魅了《みりょう》して今もやみません。

時あたかも七百五十回忌もあり、書店には聖人《しょうにん》に関する書籍《しょせき》が並び、各地で「親鸞展《しんらんてん》」なるものも開催《かいさい》され、「親鸞《しんらん》ブーム」と評する人もあるようです。

聖人《しょうにん》を賞賛し慕《した》う声は、満ちています。

たくましい生きざまに感嘆《かんたん》する人、肉食妻帯《にくじきさいたい》の勇気に感服する文豪《ぶんごう》、透徹《とうてつ》した自己《じこ》洞察《どうさつ》に脱帽《だつぼう》する評論家、深遠な哲学《てつがく》に驚嘆《きょうたん》する思想家もあります。あるものは弥陀《みだ》の慈悲《じひ》の化身《けしん》と感激し、あるものは秋霜烈日《しゅうそうれつじつ》の冷厳さに襟《えり》を正します。

まさに汪洋《おうよう》たる大海のように、親鸞聖人《しんらんしょうにん》はとらえようのない方のようです。

アフガンで八歳の女の子が、爆弾《ばくだん》入りの小包を持たされて爆死《ばくし》しました。女児は何者かに頼《たの》まれて警察施設《けいさつしせつ》に小包を運んだのですが、遠隔操作装置《えんかくそうさそうち》が組《く》み込《こ》まれていて、近づいたところで爆発《ばくはつ》させたのだ。

人間とも思えぬ残酷《ざんこく》な所業が、日夜、繰《く》り返《かえ》されているのです。

無知と貧困こそ、暴力とテロの温床《おんしょう》といわれますが、情報があふれ、衣食住の潤沢《じゅんたく》な世界も、固唾《かたず》を呑《の》む愁嘆場《しゅうたんば》と少しも変わりはありません。

想定外の津波《つなみ》で、すべてを失う火宅無常《かたくむじょう》の世界も、そらごとたわごとに狂《くる》う煩《ぼん》悩具足《のうぐそく》の人間も、なんの進化も見られません。

「煩悩具足《ぼんのうぐそく》の凡夫《ぼんぶ》、火宅無常《かたくむじょう》の世界《せかい》は、万《よろず》のこと皆《みな》もって、そらごと・たわごと・真実《まこと》あることなきに、ただ念仏《ねんぶつ》のみぞまことにておわします」（親鸞聖人《しんらんしょうにん》）

八百年前とは思えぬ真実の言葉に魅了《みりょう》され、「ただ、念仏《ねんぶつ》のみぞ真実《まこと》」とは何ぞや。

聖人《しょうにん》の言葉に耳を傾《かたむ》ける人の多いのもうなずけます。

ところが、この書にあげた質問・疑問が物語っているように、声高の割りに親《しん》鸞聖人《らんしょうにん》の教えを知る人の少ないのに驚《おどろ》くのです。

人類にとって、これほどの甚大《じんだい》な損失はなく悲しい限りであります。

そこでこのたび、四十年来、親鸞聖人《しんらんしょうにん》について投げられた問いに、筆者がそのつど、簡略に答えたものを集めてみることにしました。

中でも特に、なぜ世界の光といわれるのか、最も知りたいであろう、聖人《しょうにん》の教えに主眼を置きました。

蓮如上人《れんにょしょうにん》が生涯《しょうがい》、親鸞聖人《しんらんしょうにん》の教えの徹底《てってい》のみに尽《つ》くされたように、聖人《しょうにん》の教えの花びら一片なりとお届けするしか、洪恩《こうおん》に報いる道なしと確信するからであります。

平易に心がけたつもりでありますが、難解に感じられるのは、要因は筆者にありお許しください。

小著によって、親鸞聖人《しんらんしょうにん》の教えの香気《こうき》に少しでも触《ふ》れていただき、より広く深く聖人《しょうにん》の信仰《しんこう》に接せられる方があれば、本望これに過ぎることはありません。

合掌

平成二十三年　初秋　著者識《しる》す

親鸞聖人の花びら　桜の巻

教え、仏事、なぜなぜ問答

目次

第一部　親鸞さまに会えてよかった……

目次

第二部 大海原に夢のような大船

目次

第三部
光に向かって、桜ふりしきる山路をゆかん

目次

編集にあたって

仏教の言葉の引用は、左記のように、上に水色の線を引き、原文、意訳の順に掲載しています。

大悲《だいひ》の願船《がんせん》に乗《じょう》じて、光明《こうみょう》の広海《こうかい》に浮《う》かびぬれば、至徳《しとく》の風《かぜ》静《しず》かに、衆《しゅう》禍《か》の波《なみ》転《てん》ず
（『教行信証《きょうぎょうしんしょう》』行巻《ぎょうかん》）

原文

阿弥陀仏《あみだぶつ》の造られた、大悲《だいひ》の願船《がんせん》に乗って見る人生は、千波万波《せんぱばんぱ》きらめく明るい広い海ではないか。順風に帆《ほ》をあげる航海のように、なんと生きるとは素晴らしいことなのか。

意訳

第一部
親鸞さまに会えてよかった……

1

人生の目的と親鸞聖人

問

私は時々、自分はなぜこんなに苦しみながら生きてゆかなければならないのか、何のために働いているのだろうかと考えます。

人生の目的は何だと親鸞聖人《しんらんしょうにん》は教えられているのでしょうか。

答

自分は何のために生きているのか。こんな苦しみに耐《た》えながら、なぜ働かなければならないのか。真面目《まじめ》に生きている人ならば、必ずあなたのような疑問が起きてくるはずです。

もし何のために働いているのかと質問すれば、ほとんどの人は食わんがためだと答えるでしょう。では、何のために食うのかと反問すれば、食わにゃ死んでしまうじゃないかと答えましょう。

それでは、食ってさえいれば、いつまでも生きていられるのかと聞けば、誰《だれ》しも返答に窮《きゅう》してしまうでしょう。

人間は、生きるために食べ、食べるために忙《いそが》しそうに働いているのですが、一日、生きたということは、一日、死に近づいたということです。これが否定できない厳粛《げんしゅく》な真実です。

にもかかわらず、ほとんどの人は、この確実な死を無視して生きることばかり考えて、取らぬ狸《たぬき》の皮算用をしています。

「この会社に何年勤めて係長になり、何年勤めて課長になり、うまくいけば部長になれるかもしれぬ。なったとしても六十五歳で定年か。退職金はだいたい、これくらいだから小商売でも始めて、年とってから、また一年生になるか。あァーいやんなっちゃうなァ」

と、ちょっぴり人生に絶望しかけます。

ここで、「どうせ何十年か経《た》ったら、死んでしまうのだ。生きているうちに、したい放題やったほうがましだ」と考えて、酒やマージャンで、せめて桃色《ももいろ》ぐらいの人生にしようといたします。

しかし、それはあくまでも一時のごまかしであって、心からの安心も満足もなく、人生の解決にはなりませんから、こんな人は最後まで苦しみ続けなければなりません。

この時に仏縁《ぶつえん》＊深き人は、「これは、ウカウカしてはおれないぞ。このままでは、死ぬために生きていることになるではないか。人生の目的を突《つ》き止《と》めるまでは、死んでも死に切れない」と、真剣《しんけん》に仏法を聞くようになるのです。人生究極の目的＊は、仏法にしか説き明かされていないからです。

仏教を説かれた釈尊《しゃくそん》＊の求道の動機も、この人生の目的の探求一つでありました。そして苦しい修行を六年なされて、「すべての人を、必ず絶対の幸福に救

＊仏縁　阿弥陀仏との因縁。
＊人生究極の目的　万人に共通する唯一の目的。
＊釈尊　約2600年前、インドに生まれ、仏教を説かれた方。釈迦とも、世尊・ブッダともいわれる。

いとる」という、無上《むじょう》の大誓願《だいせいがん》＊を建てられている、本師本仏《ほんしほんぶつ》＊の阿弥陀仏《あみだぶつ》を発見されました。

事実、どんな人も、この弥陀《みだ》の本願《ほんがん》に信順《しんじゅん》すれば、必ず、絶対不壊《ぜったいふえ》の幸福になれることを突《つ》き止《と》め、弥陀《みだ》の本願《ほんがん》こそが、すべての人の究極の目的であると、ました。

生涯《しょうがい》、弥陀《みだ》の救い一つを説き続けてゆかれたのが、釈尊《しゃくそん》であり親鸞聖人《しんらんしょうにん》でありました。

あなたも親鸞聖人《しんらんしょうにん》から真実の仏法を聞き求め、素晴らしい人生を味わって頂きたいと念じ上げます。

＊**無上の大誓願**　最高の、素晴らしいお約束。阿弥陀仏の本願のこと。
＊**本師本仏**　大宇宙の無数にまします仏の師匠。

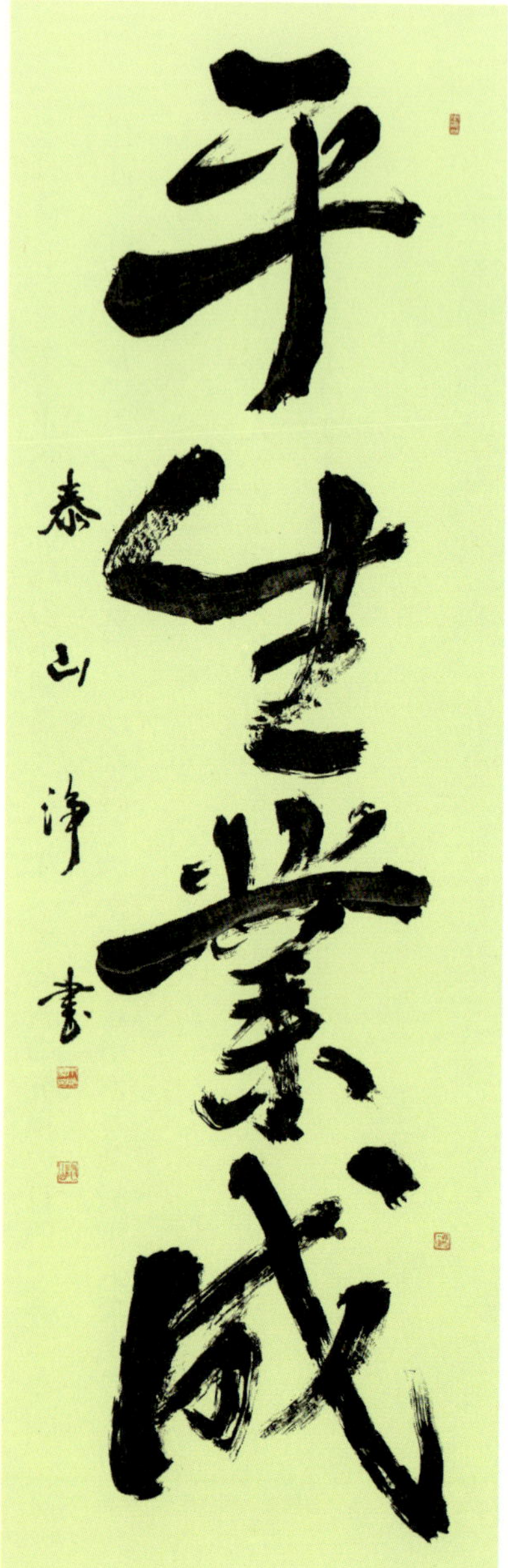

180×60cm

2

親鸞聖人と絶対の幸福

問

親鸞聖人《しんらんしょうにん》は、人生の目的は絶対の幸福だと言われますが、絶対の幸福とはどんな幸福をいうのでしょうか。

答

仏教では、幸福といわれるものを二つに分けます。相対的幸福といわるべきものと、絶対の幸福といわれるものです。

相対的幸福といいますのは、一時的な喜びや満足をいい、続かない、やがては必ず、悲しみや苦しみに転化する幸福をいうのです。

たとえば、好きな人と結婚《けっこん》できた喜びとか、望んでいたマイホームが新築できた満足とか、日々、私たちが求めている生き甲斐《いがい》や喜びといわれるものです。

このような喜びや満足は、決して永続するものではありません。やがては必ず滅《ほろ》び去《さ》る幸福です。どんなに素晴らしい人と結婚《けっこん》しても、相手がいつ病に倒《たお》れるやら、死ぬやら分かりません。変心して不仲になり、破鏡の憂《う》き目《め》にあい、骨肉相食《あいは》む争いをしなければならないかも分かりません。

世間に、夫を亡くして苦しんでいる人、妻を失って悲嘆《ひたん》している人、子供に裏切られて激怒《げきど》している人など、あふれているのを見ても明らかなことです。

また、一生、汗《あせ》と膏《あぶら》で築きあげた家屋が、一夜のうちに灰になり悲泣している人もあり、昨日まで一家和楽の家庭も、今日は交通事故や災害で、地獄《じごく》の悲惨《ひさん》を味わっている人もあります。これらの幸福は、今日あって明日なき無常《むじょう》の幸福です。常に壊《こわ》れはしないかという不安がつきまとっていますから、本質的にいっても、真の幸福とはいえないのです。

たとえ大禍《たいか》なく続いたとしても、死に直面すれば、総くずれになること必定《ひつじょう》です。しかも私たちは、死の運命から逃《のが》れることはできませんから、このような幸福で、心からの安心や満足が得られるはずがないのです。

死の前に立たされた時、金や名誉《めいよ》や地位や財産が、なんの喜びになり満足を与《あた》えてくれるでしょう。たとえ求まったとしても、真の満足も安心も得られない、これらの幸福を求めて、今日もあくせく苦しみ悶《もだ》えているのです。

親鸞聖人《しんらんしょうにん》は、これは、真実の幸福、絶対の幸福があるということも、その絶対の幸福は阿弥陀仏《あみだぶつ》の本願《ほんがん》によって、誰《だれ》もがなれることも知らないからであると教えられています。

そして、この絶対の幸福こそ人生の目的であると、九十年の生涯《しょうがい》、弥陀《みだ》の救い一つを教えていかれたのが親鸞聖人《しんらんしょうにん》でした。

では、絶対の幸福とは何でしょう。

親鸞聖人《しんらんしょうにん》は、絶対の幸福を「無碍《むげ》の一道《いちどう》」＊とおっしゃっています。

そして、その世界を、こう教えておられます。

＊無碍の一道　一切がさわりにならない幸せ。絶対の幸福。

念仏者《ねんぶつしゃ》は無碍《むげ》の一道《いちどう》なり。そのいわれ如何《いかん》とならば、信心《しんじん》の行者《ぎょうじゃ》には、天神《てんじん》・地祇《ちぎ》も敬伏《きょうぶく》し、魔界《まかい》・外道《げどう》も障碍《しょうげ》することなし。罪悪《ざいあく》も業報《ごうほう》を感《かん》ずることあたわず、諸善《しょぜん》も及《およ》ぶことなきゆえに、無碍《むげ》の一道《いちどう》なり

（『歎異抄《たんにしょう》』第七章）

弥陀《みだ》に救われ念仏《ねんぶつ》する者は、一切が障《さわ》りにならぬ幸福者である。なぜならば、弥陀《みだ》より信心を賜《たまわ》った者には、天地の神々も敬って頭を下げ、悪魔《あくま》や外道《げどう》の輩《やから》も妨《さまた》げることができなくなるからだ。犯したどんな大罪も苦とはならず、いかに優れた善行《ぜんぎょう》の結果も及《およ》ばないから、絶対の幸福者である。

大悲《だいひ》の願船《がんせん》に乗《じょう》じて、光明《こうみょう》の広海《こうかい》に浮《う》かびぬれば、至徳《しとく》の風静《かぜしず》かに、衆《しゅう》禍《か》の波転《なみてん》ず

（『教行信証《きょうぎょうしんしょう》』行巻《ぎょうかん》）

阿弥陀仏《あみだぶつ》の造られた、大悲《だいひ》の願船《がんせん》に乗って見る人生は、千波万波《せんぱばんぱ》きらめく

明るい広い海ではないか。順風に帆《ほ》をあげる航海のように、なんと生きるとは素晴らしいことなのか。

これらのお言葉は、絶対の幸福を喝破《かっぱ》なされたものです。

超世《ちょうせ》の悲願《ひがん》ききしより
われらは生死《しょうじ》の凡夫《ぼんぶ》かは
有漏《うろ》の穢身《えしん》はかわらねど
心《こころ》は浄土《じょうど》に遊《あそ》ぶなり
（帖外和讃《じょうがいわさん》）

弥陀《みだ》の本願《ほんがん》に救われてからは、もう迷い人ではないのである。欲や怒《いか》り、ねたみそねみの煩悩《ぼんのう》は少しも変わらないけれども、心は極楽《ごくらく》で遊んでいるようだ。

とおっしゃっているのも、絶対の幸福になった一大宣言であります。

そんな絶対の幸福なんてあるものかという人は、まだ阿弥陀仏《あみだぶつ》の救いの素晴らしさを知らないだけなのだと親鸞聖人《しんらんしょうにん》は教えられています。

3

親鸞聖人はなぜ、人間に生まれたことを喜べと言われたのか

問

人間に生まれたことを喜べと教えられますが、喜ぶどころか産んだ親をうらむことさえあります。こんなことではいけないと思いながらも喜ぶことができません。親鸞聖人《しんらんしょうにん》は人間に生まれたことを、なぜ、有り難いとおっしゃったのでしょうか。

答

自殺するのは、同じように生きる喜びのない人たちでしょう。しかし、ほとんどの人は真面目《まじめ》に考えれば、同じ気持ちではないでしょうか。

おっしゃる通り仏教では、人間に生まれたことは、大変有り難いことだから

喜ばなければならないと教えられています。

『雑阿含経《ぞうあごんきょう》』の中には、有名な盲亀浮木《もうきふぼく》の譬喩《ひゆ》が説かれています。

ある時、釈尊《しゃくそん》が

「たとえば、大海の底に一匹の盲亀《もうき》がいて、百年に一度、海上に浮《う》かび上《あ》がるのだ。その海には、一本の浮木《ふぼく》が流れていて、浮木《ふぼく》の真ん中に、一つの穴がある。盲亀《もうき》が百年に一度浮《う》かび上《あ》がった際に、その浮木《ふぼく》の穴へ、ちょうど、頭を突《つ》っ込《こ》むことがあるだろうか」

と尋《たず》ねられた。

阿難《あなん》という弟子が、「そんなことは、毛頭、考えられません」と答えると釈《しゃく》尊《そん》は、

「誰《だれ》でも、そんなことはありえないと思うだろう。だが、何億兆年よりも永い間には絶対にないとは、誰《だれ》も言い切れないであろう。人間に生まれるということは、この例えよりもありえない有り難いことなのだよ」

とおっしゃっています。

私たちは、日常〝有《あ》り難《がと》う〟と言いますが、有ることが稀《まれ》である、ということから出た言葉なのです。

『涅槃経《ねはんぎょう》』には、

人趣《にんしゅ》に生《う》まるるものは、爪《つめ》の上《うえ》の土《つち》のごとし。三途《さんず》に堕《お》つるものは、十方《じっぽう》の土《つち》のごとし

人間に生まれるものは、爪《つめ》の上の砂のように少なく、三悪道《さんあくどう》（地獄《じごく》・餓鬼《がき》・畜生《ちくしょう》の苦しみの世界）に堕《お》ちる者は、大宇宙の砂の数ほど多い。

と説かれています。

このような、受け難い人身を受けたということは、人間に生まれなければできない大事な目的があるということなのです。私たちは、その重大な使命を果

たすために人間に生まれてきたのです。
釈尊《しゃくそん》は、それについて、こう説かれています。

人身《じんしん》受《う》け難《がた》し、今已《いますで》に受《う》く。仏法《ぶっぽう》聞《き》き難《がた》し、今已《いますで》に聞《き》く。この身《み》今生《こんじょう》に向《む》かって度《ど》せずんば、さらにいずれの生《しょう》に向《む》かってか、この身《み》を度《ど》せん　（釈尊《しゃくそん》）

生まれ難い人間に生まれ、聞き難い仏法を聞くことができた。何がなんでも今生《こんじょう》で救われねば、いずれの生《しょう》で救われようか。永遠のチャンスは今しかないのだ。

「今生《こんじょう》で、この身を度する」（いま救われる）とは、どういうことでしょうか。
それは阿弥陀仏《あみだぶつ》の本願《ほんがん》を聞信《もんしん》＊し、平生に絶対の幸福になることだと、親鸞聖《しんらんしょう》人《にん》は教えられています。こんなチャンスは、幾億兆年《いくおくちょうねん》にもないことであるとも

＊聞信　「まことだった」と聞いて知らされること。

言われています。

聖人《しょうにん》のおっしゃる通り、弥陀《みだ》の本願《ほんがん》を聞き開き、絶対の幸福になって初めて、人間に生まれた本当の有り難さが分かるのです。

仏法を聞かない限り、人間に生まれた本当の喜びは分かるものではありません。人間に生まれた生命の歓喜《かんぎ》を知るまで、仏法を聞いてください。

4

因果の道理と親鸞聖人の教え

問

親鸞聖人《しんらんしょうにん》の教えは、仏教以外にないとお聞きします。その仏教の根幹は「因果の道理」といわれますが、どんな教えでしょうか。

答

仏教を、木にたとえますと「因果の道理」は、その根や幹に当たります。釈尊《しゃくそん》の七千余巻の一切経《いっさいきょう》を貫《つらぬ》く教えが「因果の道理」ですから、「因果の道理」をよく理解しなければ仏教は分かりませんし、親鸞聖人《しんらんしょうにん》の教えも分かりません。

では、因果の道理とは、どんな教えかといいますと、まず「因果」とは、

「原因」と「結果」ということです。

どんなことにも、必ず原因があり、原因なしに起きる結果は、万に一つ、億《おく》に一つも無いと教えられるのが仏教です。しかもこれには絶対に、仏教は例外を認めません。

どうしても現状では、原因が分からないということはあります。たとえば、飛行機が深海に沈《しず》んだために、墜落《ついらく》の原因究明ができず、知ることができないということはあるでしょう。

しかしそれは、墜落《ついらく》した原因が「ない」ということではありません。乱気流に巻《ま》き込《こ》まれたとか、エンジン故障とか、操縦ミスとか、必ず、原因があって墜落《ついらく》という結果が起きたのです。原因なしに墜落《ついらく》という結果は絶対にないのです。

どんな小さな結果にも、必ず、それ相当の原因があると教えるのが仏教です。

次に、「道理」といいますのは「三世十方《さんぜじっぽう》を貫《つらぬ》くもの」をいいます。「三世十《さんぜじっ》方《ぽう》」とは、過去世《かこせ》・現在世《げんざいせ》・未来世《みらいせ》の三世《さんぜ》と、東・西・南・北・上・下・四維《しゆい》の十方《じっぽう》のことで、「いつでも」「どこでも」ということです。

いつでも、どこでも変わらないものだけを、仏教では道理といいます。

「因果の道理」とは、三世《さんぜ》十方《じっぽう》変わらぬものは、原因なしに起きる結果は絶対にないし、結果には、必ず原因があるということです。

もっと、正確にいいますと「因・縁＊・果の道理」といいます。

それは、すべての「果」は、「因」だけで起きるのではなく、「因」と和合《わごう》する「縁」が必要だと説かれているからです。

たとえば、「米」という「果」は、モミダネという「因」だけではできません。モミダネという「因」と、土壌《どじょう》や水分、日光や空気などの「縁」が和合《わごう》して生じます。コンクリートや氷の上に、モミダネを蒔《ま》いても米はできません。「米」となる「縁」がないからです。

このように、すべての「果」は、「因」と「縁」が和合《わごう》して生じると教えら

＊縁　「因」が「果」となるのを助けるもの。

れるのが、仏教の「因果の道理」ですから、正しくは「因縁果の道理」ということです。

特に、仏教が因果の道理で明らかにされているのは、私たちが最も知りたい、人の運命の原因と結果の関係です。それを釈尊《しゃくそん》は「善因善果《ぜんいんぜんか》、悪因悪果《あくいんあっか》、自因自果《じいんじか》」と教えられています。

「善因善果《ぜんいんぜんか》」とは、善い因《たね》（行為《こうい》）は、善い果（幸福や楽しみ）を生み出すということです。

「悪因悪果《あくいんあっか》」とは、悪い因《たね》（行為《こうい》）は、悪い果（不幸や苦しみ）を引き起こすということです。

「自因自果《じいんじか》」とは、自分に現れる善果《ぜんか》も悪果《あっか》も、すべて自分のまいた因《たね》（行為《こうい》）によるものですから、自分が刈《か》り取《と》らなければならないのは当然ということです。

幸福も不幸も、自分の運命のすべては、自分の行為《こうい》が生み出したものであり、絶対に、それに例外を認めないのが仏教です。他人のまいた因《たね》が、自分に果として現れるという「他因自果《たいんじか》」ということもなければ、自分のまいた因《たね》が、他人に果として現れるという「自因他果《じいんたか》」も、絶対にないと教えるのが仏教の自因自果《じいんじか》の教えです。

この「因果の道理」が、仏教の根幹の教えですから、「因果の道理」が分からないと、親鸞聖人《しんらんしょうにん》の教えは、全く分かりませんから、よく知っておいてください。

5

親鸞聖人は運命を、どう教えられているのか

問

人間の運命ほど不思議なものはないと思いますが、親鸞聖人《しんらんしょうにん》は、私たちの運命は何によって決まると教えられているのでしょうか。

答

おっしゃる通り、人間の運命は一見不思議なものと思われます。

人間は、両目、両耳、鼻や口を持っていることに変わりはありませんが、どこか、その容貌《ようぼう》に違《ちが》いがあります。

地球に七十億近い人がいるといわれていますが、それらの人々も、みな一人一人どこかに相違《そうい》があります。中には、双子《ふたご》があって瓜二《うりふた》つのように見分けの

つかない場合もありますが、それでも運命はそれぞれ異なるということは不思議に思われます。

前の電車に乗った人が無事であったのに、二、三分後の電車に乗ったばかりに、事故に遭《あ》って死んだり、けがしたりするということはいくらでもあります。今日《こんにち》の激しい交通戦争の犠牲者《ぎせいしゃ》でも、瞬間的《しゅんかんてき》な運命の相違《そうい》で現れます。

また、私たちの生まれた環境《かんきょう》ほど、不公平なものはありません。貧しい家に生まれる人もあれば、乳母《うば》つきの富豪《ふごう》の家に生まれる者もあります。中には、生まれながらの身体障害者もいます。男に生まれる者、女に生まれる者、美しく生まれる人、醜《みにく》く生まれる人、種々様々の人間模様です。

同じ人間でありながら、ニューヨークのド真ん中に生まれる者もあれば、南方のジャングルの中に生まれる人もあります。

同じ日本に生まれても、江戸時代に生まれた人、明治に生まれた人、昭和の者やら平成の者やら、戦前・戦後でまた運命は異なりましょう。そして不遇《ふぐう》な運命を、ウラミ、ノロイ、苦しみ悶《もだ》えているのです。

このように考えてみますと、人間の運命ほど不可解なものはないと、思われるのもおかしくはありません。

こんなところから、宇宙神秘説や人間運命論などが発生いたします。偶然《ぐうぜん》になったことだとウソブク者もいますし、神さまの命令によってなったのだと言う者も出てくるわけです。しかし、偶然《ぐうぜん》とは無知の代用語ですし、神さまをかつぎ出すのは、未開人のなごりですから問題になりません。

親鸞聖人《しんらんしょうにん》は、仏教の三世十方《さんぜじっぽう》を貫《つらぬ》く峻厳《しゅんげん》な因果の道理に立脚《りっきゃく》して、永遠不滅《えいえんふめつ》の業《ごう》の存在を教え、私たちの運命は、一人一人の過去に造った業《ごう》によって生み出されたものであると教えられます。

業《ごう》とは、私たちの身《しん》、口《く》、意《い》によってなされる行為《こうい》をいいます。過去の私たちの行為《こうい》のよしあしが、現在の私たちの運命という結果をつくった原因なのです。すなわち、自己の現在の運命を生み出したものは、かつて自己の意志によってなされた行為《こうい》なのです。

善因善果《ぜんいんぜんか》、悪因悪果《あくいんあっか》、自因自果《じいんじか》の鉄則の通りに、まいた種は必ず生えるし、まかぬ種は絶対に生えないのです。

ゆえに、親鸞聖人《しんらんしょうにん》の教えを聞き、真実の仏法に生かされたならば、悪い運命に立ち向かえば、自己の過去の悪い行為《こうい》を懺悔《ざんげ》し、善い運命に恵《めぐ》まれれば、仏《ぶっ》祖《そ》の加護＊に感謝して、より精進《しょうじん》するように努めずにおれなくなってくるのです。

＊仏祖の加護　弥陀・釈迦・善知識方に護られていること。

120×50㎝

6

親鸞聖人と三世因果

問

仏教は三世因果《さんぜいんが》の教えといわれますが、どんなことでしょうか。
親鸞聖人《しんらんしょうにん》の強調された現在の救いと、どんな関係があるのか教えてください。

答

お聞きの通り仏教の根本教理は、実に「三世因果《さんぜいんが》」の教えにあります。これがよく理解されなければ仏教は絶対に分かりません。

まず「三世《さんぜ》」といいますのは、過去世《かこせ》、現在世《げんざいせ》、未来世《みらいせ》のことです。

「過去世《かこせ》」といいますのは、私たちが生まれる以前のすべての過去をいいます。

「現在世《げんざいせ》」とは、この世に生を受けてから死ぬまでのことです。

「未来世《みらいせ》」とは、永遠の死後をいいます。

私たち一人一人に、この悠久《ゆうきゅう》の過去と永遠の未来があると仏教では教えられます。過去・現在・未来の三世《さんぜ》を貫《つらぬ》く生命があると説かれています。

「過去世《かこせ》や未来世《みらいせ》なんか、あるか」という人もあるでしょう。しかし、私たちが生まれたということは、まぎれもない「結果」です。こんな結果が、どうして生じたのでしょう。

私は、なぜ十三億人の中国ではなく、一億二千万の日本に生まれたのか。江戸時代に生まれた人、明治に生まれた人、平成に生まれる人もいます。大正、昭和に生まれ無理やり戦争にかり出され、虫ケラのように殺された若者もたくさんあります。平和な世に生を受けていたら、そんな青年たちの人生は大きく変わっていたでしょう。

地球上、六十九億の人はあっても、生まれた時も所も、容姿も才能も、同じ人は一人もいません。生涯《しょうがい》を左右するこれらのことが、一体、何によって決まったのでしょうか。
これについて釈尊《しゃくそん》は、こう説かれています。

汝《なんじ》ら、過去《かこ》の因《いん》を知《し》らんと欲《ほっ》すれば、現在《げんざい》の果《か》を見《み》よ。未来《みらい》の果《か》を知《し》らんと欲《ほっ》すれば、現在《げんざい》の因《いん》を見《み》よ

過去に、どんな種まきしてきたかを知りたければ、現在の結果を見なさい。未来、どんな結果が現れるかを知りたければ、現在の種まきを見なさい、分かるであろう。

これは、現在を見れば過去も未来も、みな分かる、悠久《ゆうきゅう》の過去と永遠の未来を包含《ほうがん》しているのが現在であるからだと、教えられたものです。
この釈尊《しゃくそん》の教えによれば、一人一人の生まれた結果が異なるのは、六十九億の各人各様に生まれる前の、各人各様、異なった原因があったからに違《ちが》いあり

ません。

「善因善果《ぜんいんぜんか》、悪因悪果《あくいんあっか》、自因自果《じいんじか》」の厳粛《げんしゅく》な因果の道理に従って、私たちの過去世《かこせ》の行為《こうい》が現在世《げんざいせ》の私たちの境界《きょうがい》を生み出したのです。

当然、「過去世《かこせ》」があるように、私たちには「未来世《みらいせ》」があります。もし「未来世《みらいせ》」がないとすれば、因果の道理に例外を認めねばならなくなるでしょう。

たとえば、ある人が二人殺して死刑《しけい》になったとします。二人殺した罪（因）が一回の死刑《しけい》（果）で償《つぐな》われるとするならば、十人殺した者は五回死刑《しけい》にならなければなりません。そんなことはできませんから、もし未来世《みらいせ》がなければ、二人殺したら、あとは何人殺そうが死刑《しけい》という結果は同じということになります。

原因が変われば結果が変わるのが、因果の道理です。日給一万円の仕事をすれば、百日働けば百万円もらわなければ誰《だれ》も承知しないでしょう。それが、一日働いても一万円、百日働いても一万円だと言われては働く人がないのと同じです。

原因が変わっても結果は同じだという主張は、三世十方《さんぜじっぽう》を貫《つらぬ》く「因果の道理」を知らない妄言《もうげん》です。現在世《げんざいせ》の行為《こうい》の結果が、たとえ現在世《げんざいせ》で現れなくても、必ず「未来世《みらいせ》」に現れますから、「三世因果《さんぜいんが》」は三世十方《さんぜじっぽう》を貫《つらぬ》く真理《しんり》であると教えられているのです。

この仏教の「三世因果《さんぜいんが》」の道理が正しく理解されますと、いかに「現在」が大切かが知らされます。

先に述べましたように「過去世《かこせ》」とは、とりつめれば去年であり、昨日であり、前の一時間であり、吐《は》いた息が過去になります。「現在世《げんざいせ》」も、とりつめれば今年であり、今日であり、今の一時間であり、今の一息が現在の当体《とうたい》となります。「未来世《みらいせ》」も、これも叩《たた》けば来年となり、明日となり、一時間先となり、吸う息が未来となります。

ですから、仏教の三世《さんぜ》とは、吸う息、吐《は》く息《いき》の中にあると教えられているのです。

念々《ねんねん》のうちに、三世《さんぜ》がおさまっているのです。

ゆえに、ただ今の一念《いちねん》を徹見《てっけん》すれば、曠劫《こうごう》の間、流転《るてん》してきた自己も明らかになるし、未来の一大事も知らされることになります。

「自身《じしん》は、現《げん》にこれ罪悪生死《ざいあくしょうじ》の凡夫《ぼんぶ》、曠劫《こうごう》より已来《このかた》常《つね》に没《もっ》し常《つね》に流転《るてん》して、出離《しゅつり》の縁有《えんあ》る事無《ことな》し」と深信《じんしん》す

現在、私は極悪最下《ごくあくさいげ》の者である。果てしない過去から苦しみつづけ、未来、永遠に救われることのない者とハッキリ知ることができた。

とおっしゃっている善導大師《ぜんどうだいし》＊のお言葉でも明らかでしょう。

＊善導大師　約1300年前、中国の方。親鸞聖人が最も尊敬されている一人である。

だから、現在の救いがなくして未来の救いはないのですから、現生《げんしょう》（現在）不退《ふたい》＊、平生《へいぜい》（現在）業成《ごうじょう》＊、不体失《ふたいしつ》（現在）往生《おうじょう》と、親鸞聖人《しんらんしょうにん》が、現在の救いを強調されたのは当然でありましょう。

＊不退　絶対の幸福。
＊業成　人生究極の目的が完成すること。

7

親鸞聖人と人間の差別

問

「人はみな平等だ」といわれますが、とてもそうは思えません。裕福《ゆうふく》な家に生まれスポーツも勉強もできる優秀《ゆうしゅう》な人と、貧しい家庭に育ち才能もない自分とは、明らかに差別があります。これも運命とアキラメるしかないのでしょうか。こういうことについて親鸞聖人《しんらんしょうにん》は、どう教えられているのでしょうか。

答

「天は人の上に人をつくらず、人の下に人をつくらず」。人間は平等であることを福沢諭吉《ふくざわゆきち》は喝破《かっぱ》しました。

白人も黒人も有色人も、富豪《ふごう》も大臣もホームレスも、一皮はいだら同じ人間であることに、なんら違《ちが》いはありません。けれども現実は、人間ほど、不平等、差別の激しいものはありません。生まれながらの賢愚美醜《けんぐびしゅう》、強弱貧富《きょうじゃくひんぷ》などの差別や、各人の身に起きる様々な事象など、千差万別、億差兆別、実に複雑怪奇《ふくざつかいき》であることは認めざるをえない事実です。

金持ちの家に生まれる者もあれば、手から口へのその日暮らしの家に生まれる者もあります。頭の良い人、悪い人、健康な者、病弱な者、同じ学校を出ても大学の教授になる人、会社の部長、家業を経営する人、職業を転々と変わる者、事業に失敗して自殺する者、妻を亡くする人、交通戦争の犠牲《ぎせい》になる人など雑多です。

このようにすれば、間違《まちが》いなく、こうなるだろうと思ってやったことが、とんでもない結果になって、この後どうすればよいか、途方《とほう》に暮れることもしばしばあるでしょう。

いくら真面目《まじめ》に仕事をしているからといっても、必ず成功するというものでもないし、悪人だからといって、必ず不成功に終わるとも言い切れません。善人の失敗者も多いですが、悪人の成功者も少なくありません。

中国の顔回《がんかい》は、孔子《こうし》の門弟で最高の人格者でしたが、極貧の生活で、しかも夭折《ようせつ》しました。

盗跖《とうせき》という大泥棒《おおどろぼう》は、悪事の限りを尽《つ》くしましたが、生涯《しょうがい》、富貴栄華《ふうきえいが》を極めて死にました。

この二人の人生を対照して孔子《こうし》は、「ああ、天われを亡《ほろ》ぼせり、天われを亡《ほろ》ぼせり」と嘆息《たんそく》しています。

このようなことは、私たちの身辺にもいくらでもあって、「正直者はばかをみる、やりたい放題やりちらせ」と、自暴自棄《じぼうじき》になる人やら、「これはどうにもならない運命なのか」と、アキラメ主義になる人もいます。

また、自分が不幸になると「あいつが悪い」から、「社会が悪い」からと、それらを怨《うら》む人も多いのです。

むろん、本人の注意や努力、環境《かんきょう》や社会機構なども、大いに私たちの運命に関係を持っています。世の中の仕組みを変えることによって、少なくすることもできるし、無くすることのできる悲運もあるでしょう。

しかし、持って生まれた知能指数や性格など、どうすることもできないものも多々あります。なぜ、障害を持って生まれなければならなかったのか。なぜ日本に生まれたのか。なぜ昭和に生まれたのか。なぜ、この親の子供として生まれなければならなかったのか、なぜ、こんな子供を産まなければならなかったのかと、悲運の原因を模索《もさく》していますが、結局は「分からない」とアキラメてしまいます。

ここに仏教は、過去、現在、未来の三世《さんぜ》の実在を説き、それを貫《つらぬ》く因縁果の大道理を示します。私たちの現実は、限りなき時間と限りなき空間の上に成り立ち、因縁果の道理に従って、過去、現在、未来と続くのですが、現世だけしか知らない人間の目の届く範囲《はんい》はごく限られています。

だから、現世だけの結果を見ただけでは、原因のつかみようがないのです。

ただ、間違《まちが》いないことは、蒔《ま》かぬタネは絶対に生えぬということです。結果があれば、必ず、そうなる因と縁とがあってのことなのです。

頼山陽《らいさんよう》は、釈迦《しゃか》が孔子《こうし》と相撲《すもう》をとって負かされている画を描《えが》いて、仏教者の雲華院大含《うんげいんだいがん》に「この絵に、賛《さん》をしてくれ」と依頼《いらい》した。

すると大含《だいがん》は、しばらく考えて、「孔子《こうし》、三世《さんぜ》を知らず、釈迦顛倒《しゃかてんどう》して、これを笑う」と揮毫《きごう》したといいます。

人生を、今生《こんじょう》だけにとらえて、道徳倫理《どうとくりんり》生活《せいかつ》のみを強調する人も、親鸞聖人《しんらんしょうにん》の教えよりすれば、無知蒙昧《むちもうまい》といわざるをえないでしょう。

8

親鸞聖人は人間死んだら、どうなると教えられているのか

問

私は人間の生命活動は、全《すべ》て物質現象だと思っています。心も脳が生み出したものであり、物質以外に「精神」や「魂《たましい》」があるとは信じられません。だから死後はないと思いますが、親鸞聖人《しんらんしょうにん》はどう教えられているのでしょうか。

答

あなたのような考えは、古代からあったもので、決して珍《めずら》しいものではありません。

人間の脳は、一千億以上のニューロン（神経細胞《しんけいさいぼう》）が、網《あみ》の目状《めじょう》に結合して複雑なネットワークを形成しています。

唯物論者《ゆいぶつろんじゃ》は心といっても、この複雑なニューロンの働きにすぎないと主張します。

それに対して、ニューロンの研究で一九六三年にノーベル生理学・医学賞を受賞したエックルスは、「精神世界のすべてをニューロン活動のパタンにより究極的に説明できる」と唱える唯物論《ゆいぶつろん》は、「迷信の部類」に入ると詳細《しょうさい》に批判しています（『脳の進化』＊）。

そして私たちの心は、肉体が滅《ほろ》びた後も残る非物質的な不滅《ふめつ》の存在だと主張しています。また、世界的に著名な脳外科医ペンフィールドは、患者《かんじゃ》の露出《ろしゅつ》された脳に直接、電気刺激《でんきしげき》を与《あた》えて何を感じたか聞くという、特異な実験を繰《く》り返《かえ》し二十世紀の脳研究に画期的な成果を残しました。

彼ほど生きた脳に触《さわ》った人はいないといわれたペンフィールドは、生涯《しょうがい》、「心」は全《すべ》てニューロンの働きで説明できるという「唯物論《ゆいぶつろん》」の立場で研究を続けてきました。

＊伊藤正男・訳

しかし最後に彼は、脳と心は別だと考えるほうが、合理的だという結論に達しています。

「脳の神経作用によって心を説明するのは、絶対に不可能だと私には思える。(中略)私は、長い研究生活を通じて、なんとかして心を脳で説明しようと試みてきた。そして今、これまでに得られた証拠《しょうこ》を最終的に検討しているうちに、人間は二つの基本要素から成るという説の方が合理的だと考えられることを発見して、驚異《きょうい》の念に打たれているのである」(『脳と心の正体』*)

ペンフィールドは、私たちの心は、ちょうど古くなった車を乗り換《のりか》えるように、数え切れないほどの「脳」を乗り換《のりか》えてきたのだろうと、こう想像しています。

「心は脳にある特定の仕組みの働きと結びついている。そして、数え切れないほどの世代にわたって、心はどの人間でもこのように脳と結びついてきたのであり、心の性格はある世代から次の世代へ連綿と受《う》け継《つ》がれていくことを示す

＊塚田裕三／山河宏・訳

有力な証拠《しょうこ》がある」（同）

脳の研究に生涯《しょうがい》を懸《か》けた第一級の科学者が、脳だけで心は説明できないと言っています。世間では、人間の行動を大脳の働きのみに帰結して、物事を割り切って考える人がありますが、そんな人は五体が健全で、各器官の働きが正常で単調なために、その裏側にある自意識を超《こ》えた働きを、のぞきみるチャンスがないからです。器官の働きを支える背景にまで、思いが回らないのです。今《こん》日《にち》の心理学でいう深層心理より、もっと深い奥《おく》に潜《ひそ》む「本当の私」が分からないからです。

もし人間が、自意識の統制できる範囲《はんい》のなかでのみ生きていると思っていられるとしたら、それは余りにも無知といわなければなりません。もっと深く生命の実相を学び凝視《ぎょうし》してください。

私たちの肉体は八十年か百年の「借り物」ですが、「真の私」は肉体が滅《ほろ》びた後も、永遠に続くと仏法では教えられています。

〝人間死んだら、どうなるか〟

親鸞聖人《しんらんしょうにん》の答えは、弥陀《みだ》の救いに値《あ》わねば永く苦患《くげん》に沈《しず》みますが、平生、弥陀《みだ》に救われれば、必ず、無量光明土《むりょうこうみょうど》*に生まれると常に明快に教えられています。

＊無量光明土　無限に明るい世界。弥陀の極楽浄土。

9

親鸞聖人と死んだら極楽

問

浄土真宗《じょうどしんしゅう》の布教使《ふきょうし》などの話を聞いていますと、どんな人でもただ念仏《ねんぶつ》さえ称《とな》えていれば、死んだら極楽《ごくらく》へ往《ゆ》けるように教えられますが、親鸞聖人《しんらんしょうにん》は、本当にそんな簡単に極楽《ごくらく》へ往《ゆ》けると教えられたのでしょうか。

答

あなたのおっしゃる通り、どんな人でも念仏《ねんぶつ》さえ称《とな》えていれば、死ねば簡単に極楽《ごくらく》へ往《い》って仏になれるのが、浄土真宗《じょうどしんしゅう》のように教えられています。そのために世間では、死んだ人をみんな仏といって何の不審《ふしん》も抱《いだ》きません。

しかし、これは浄土真宗《じょうどしんしゅう》でもなければ、仏教でもありません。

仏教を説かれた釈尊《しゃくそん》は、唯一《ゆいいつ》の真実経《しんじつきょう》『大無量寿経《だいむりょうじゅきょう》』*の中に、「易往而無人《いおうにむにん》」と教えられていることでも、それは明らかです。

「易往而無人《いおうにむにん》」とは、「往《ゆ》き易《やす》くして人《ひと》無《な》し」ということです。これは、釈尊《しゃくそん》が阿弥陀仏《あみだぶつ》の浄土往生《じょうどおうじょう》のことを説かれてから、「阿弥陀仏《あみだぶつ》の極楽浄土《ごくらくじょうど》へは、往《ゆ》き易《やす》いけれども、往《い》っている人が無い」と、一見、おかしなことと思われることをおっしゃっています。

なぜ、おかしいかといいますと、極楽浄土《ごくらくじょうど》へ往《ゆ》くことが易《やさ》しいのならば、極《ご》楽《らく》へ往《い》っている人が無いと言われることがおかしいでしょう。極楽浄土《ごくらくじょうど》へ往《い》っている人が無いと言われるのが本当なら、往《ゆ》き易《やす》い極楽《ごくらく》だと言われるのはおかしいことになります。

この釈尊《しゃくそん》のお言葉について、親鸞聖人《しんらんしょうにん》は『尊号真像銘文《そんごうしんぞうめいもん》』に、こう解説されています。

* 大無量寿経　釈迦の説かれた七千余巻のお経の中で、唯一の真実の経。

「易往而無人《いおうにむにん》」というは、「易往《いおう》」はゆきやすしとなり、本願力《ほんがんりき》に乗《じょう》ずれば本願《ほんがん》の実報土《じっぽうど》に生《う》まるること疑《うたが》いなければ往《ゆ》き易《やす》きなり。「無人《むにん》」というは、ひとなしという、ひとなしというは、真実信心《しんじつしんじん》の人《ひと》はありがたき故《ゆえ》に実報土《じっぽうど》に生《う》まるる人稀《ひとまれ》なりとなり
(尊号真像銘文《そんごうしんぞうめいもん》)

阿弥陀仏《あみだぶつ》の極楽《ごくらく》へは「往《ゆ》き易《やす》い」と釈尊《しゃくそん》が言われているのは、いま阿弥陀《あみだ》仏《ぶつ》に救われている人のことである。そんな人は、弥陀《みだ》のひとり働きで往《ゆ》く世界が極楽《ごくらく》だから、「易《やす》い」という言葉もいらぬ易《やす》さである。「人なし」と言われたのは、現在、阿弥陀仏《あみだぶつ》の救いに値《あ》っている人が稀《まれ》だから、極楽《ごくらく》に往《ゆ》く人は稀《まれ》なのである。

蓮如上人《れんにょしょうにん》は、これを、

これによりて、『大経《だいきょう》』には「易往而無人《いおうにむにん》」とこれを説《と》かれたり。この

文《もん》の意《こころ》は、「安心《あんじん》を取《と》りて弥陀《みだ》を一向《いっこう》にたのめば浄土《じょうど》へは参《まい》り易《やす》けれども、信心《しんじん》をとる人稀《ひとまれ》なれば浄土《じょうど》へは往《ゆ》き易《やす》くして人《ひと》なし」と言《い》えるは、この経文《きょうもん》の意《こころ》なり

（『御文章《ごぶんしょう》』二帖）

平生に、弥陀《みだ》に救《すく》い摂《と》られた人は、極楽浄土《ごくらくじょうど》へは「往《ゆ》き易《やす》い」けれども、今、救われている人が少ないので、釈尊《しゃくそん》は「往《ゆ》き易《やす》くして人なし」と言われているのである。

親鸞聖人《しんらんしょうにん》も蓮如上人《れんにょしょうにん》も、「阿弥陀仏《あみだぶつ》の極楽浄土《ごくらくじょうど》へ往《ゆ》き易《やす》いのは、真実信心を獲《え》ている人のことである。その真実の信心を獲《え》ている人（阿弥陀仏《あみだぶつ》に救われている人）がはなはだ稀《まれ》だから、極楽《ごくらく》へ往《い》っている人が少ないのだ」と、釈尊《しゃくそん》がおっしゃっていることを明らかにされています。

誰《だれ》でも彼でもが、死にさえすれば極楽《ごくらく》へ往《ゆ》けるのではないのです。

存覚上人《ぞんかくしょうにん》＊も、次のように教えておられます。

ひとなしというは、よくおしうる人《ひと》もなく、よくきく人《ひと》もなきなり
（浄土見聞集《じょうどけんもんしゅう》）

釈尊《しゃくそん》が、弥陀《みだ》の極楽《ごくらく》へ「往《ゆ》く人が少ない」と言われているのは、平生の弥《み》陀《だ》の救いを教える人もなく、いま救われた人も稀《まれ》だからである。

平生の弥陀《みだ》の救いを教える知識《ちしき》もいないし、真剣《しんけん》に聞《き》き抜《ぬ》く人もいないから、極楽《ごくらく》へ往《ゆ》く人は、雨夜の星なのであると道破《どうは》されています。

浄土真宗《じょうどしんしゅう》は、平生業成《へいぜいごうじょう》、現生不退《げんしょうふたい》、報土往生《ほうどおうじょう》＊、弥陀同体《みだどうたい》＊と、現当二世《げんとうにせ》＊の幸福をうる勝法《しょうぼう》＊でありますが、その真実の教えが説かれず、無力になり、やりっぱなしが他力《たりき》のように話されています。

これでは、平生の弥陀《みだ》の救いなど夢のまた夢で、この世から地獄《じごく》です。平生

＊存覚上人　覚如上人の長子。
＊報土往生　弥陀の浄土（報土）へ往って、仏に生まれること。
＊弥陀同体　阿弥陀仏と同じ仏の覚りのこと。
＊現当二世　この世（現世）と来世（当世）。
＊勝法　勝れた教え。

に弥陀《みだ》の不可思議の願力《がんりき》によって、この世の地獄《じごく》が不思議と光明《こうみょう》の広海《こうかい》*に転じなければ、死んで極楽《ごくらく》へ往《ゆ》くことも、仏になることもできないのです。

＊光明の広海　明るい広い海。弥陀に救われた人生を例えられた、親鸞聖人のお言葉。

10

阿弥陀仏の極楽とはどんな所か

問

寺参りに熱心な祖母に、なぜ仏教を聞くのかと尋《たず》ねたところ「死んだら極楽《ごくらく》へ往《ゆ》きたいから」と言っていましたが、極楽《ごくらく》とはどんな所なのでしょうか。

答

仏教を聞く究極の目的は、阿弥陀仏《あみだぶつ》の浄土《じょうど》へ往《ゆ》き仏に成ることですから、その極楽浄土《ごくらくじょうど》のことを知りたいのは至極《しごく》ごもっともなことです。

仏教では、私たち人間の住む世界を「穢土《えど》」といい、阿弥陀仏《あみだぶつ》のまします世界を「浄土《じょうど》」といいます。また「極楽浄土《ごくらくじょうど》」ともいわれます。

親鸞聖人《しんらんしょうにん》は、平生に、弥陀《みだ》に救われた人は、死ねば、必ず極楽浄土《ごくらくじょうど》へ往《い》って弥陀同体《みだどうたい》*の仏に成れると教えられています。

その極楽浄土《ごくらくじょうど》とは、どんな世界なのか、釈尊《しゃくそん》は『仏説阿弥陀経《ぶっせつあみだきょう》』に、こう説かれています。

その国《くに》の衆生《しゅじょう》は、もろもろの苦《く》あることなく、ただ諸《もろもろ》の楽《らく》のみを受《う》く。かるがゆえに極楽《ごくらく》と名《な》づく
（阿弥陀経《あみだきょう》）

阿弥陀仏《あみだぶつ》の極楽浄土《ごくらくじょうど》に生まれた人には、一切、苦しみはなく、ただ、色々の楽しみだけがある。だから極楽《ごくらく》というのである。

続いて、その楽しさを、次のように言われています。

至る所に「七宝《しっぽう》の池《いけ》*」がある。池には八功徳水《はっくどくすい》*が満々と湛《たた》えられ、池の底には金の砂が敷《し》き詰《つ》められている。

池の中には、車輪のような大きな蓮華《れんげ》が咲《さ》き、華《はな》の色は、青・黄・赤・白、

＊弥陀同体　阿弥陀仏と同じ仏の覚りのこと。
＊七宝の池　多くの宝石でつくられた池。
＊八功徳水　甘い、冷たい、やわらかい、軽い、清らか、くさくない、飲む時に喉を傷めない、飲んでお腹をこわさない、など８つの特徴のある水。

色々あって、それぞれが、青光《しょうこう》・黄光《おうこう》・赤光《しゃっこう》・白光《びゃっこう》を放って、まことに絶妙《ぜつみょう》で、香《かお》りも芳醇《ほうじゅん》である。

周囲には、金・銀・財宝で飾《かざ》られた階段があり、登った上にそびえたつ宮殿《きゅうでん》楼閣《ろうかく》は、金や銀、水晶《すいしょう》や瑪瑙《めのう》などの宝玉で荘厳《しょうごん》され、天空からは、常に心地《ここち》よい音楽が流れ、ときどき妙華《みょうか》が降ってくる。

絶えず涼《すず》しい風が、そよそよと吹《ふ》いて、宝石で彩《いろど》られた並木や網飾《あみかざ》りが揺《ゆ》れて、それらが奏でる音色は、幾千《いくせん》かの楽器を同時に演奏するようである。

また、オウムやカリョウビンガなどの色々な鳥がいて、和《なご》やかな美しい声で尊い法を説き、聞いたものはみな、心に歓喜《かんぎ》が起きるのである。日々、応法《おうほう》の妙服《みょうぶく》を着て、百味《ひゃくみ》の飲食《おんじき》を食べて楽しむのであると、言葉を尽《つ》くして極楽浄土《ごくらくじょうど》の素晴らしさが表現されています。

これをそのまま鵜呑《うの》みにして、「おとぎ話だ」と嘲《あざけ》ったり疑ったりするのは、余りにも仏意《ぶつい》に遠い愚《おろ》かさを知らねばなりません。

大体、私たちの知っている楽しみは、おいしい料理に舌鼓《したつづみ》を打つとか、儲《もう》かった、褒《ほ》められた、恋人《こいびと》ができた、結婚《けっこん》した、大学合格、マイホームを手に入れたというような、一時的な喜びであり、やがては、苦しみや悲しみに変質してしまうものです。

地震《じしん》や津波《つなみ》、台風や火災に遭《あ》えば、一夜のうちに失う、今日あって明日なき楽しみであり、たとえ、しばらく続いても、臨終には百パーセント消滅《しょうめつ》する幸福です。

こんな楽しみしか知らない私たちに、極楽浄土《ごくらくじょうど》の楽しみを分からせようとすることは、ちょうど、私たちが、魚に火や煙《けむり》のあることを分からせたり、犬や猫《ねこ》に、テレビや携帯電話《けいたいでんわ》のことを話すよりも絶望的なことなのです。

あの釈尊《しゃくそん》の大雄弁《だいゆうべん》をもってしても、不可能だったので、時には「説くべからず」とおっしゃっています。

しかし話しても分からないのに、絶望しているだけでは、十方衆生《じっぽうしゅじょう》を弥陀《みだ》の浄土《じょうど》へ導く、釈尊《しゃくそん》の使命は果たされません。

そこで釈尊《しゃくそん》は、私たちが見たり聞いたり体験したり、想像できる範囲《はんい》の楽しみを挙げて、極楽浄土《ごくらくじょうど》の素晴らしさを知らせようとなされているのです。

「猫《ねこ》の参るお浄土《じょうど》は、宮殿楼閣《きゅうでんろうかく》みなカツオ、ネコも呆《あき》れて、ニャムアミダブツ」

と、風刺《ふうし》されるように、猫《ねこ》には、適当な説き方といえましょう。

二千六百年前の釈尊《しゃくそん》が、暑いインドで説かれた教えですから、その時代や地域にあわせた比喩《ひゆ》で説かれているのも当然でしょう。

この釈尊《しゃくそん》の仏意《ぶつい》を酌《く》んで親鸞聖人《しんらんしょうにん》は、弥陀《みだ》の「極楽浄土《ごくらくじょうど》」を「無量光明土《むりょうこうみょうど》」とおっしゃっています。限りなく明るい所ということです。

確実な未来が、限りなく明るい無量光明土《むりょうこうみょうど》となれば、われ生きるしるしありと現在が輝《かがや》き、「無碍《むげ》の一道《いちどう》」*に生かされるのです。

これこそが、人生の目的なのです。

＊無碍の一道　一切がさわりにならない幸せ。絶対の幸福。

120×40cm

11

親鸞聖人の教えと故人の供養

問

死人に対する一番のご馳走《ちそう》は、読経《どきょう》だと皆《みな》さんが言われますが、お寺さんにお経を読んでもらうことは、死んだ人のためになるのでしょうか。親鸞聖人《しんらんしょうにん》の教えを聞かせてください。

答

葬式《そうしき》や法事の読経《どきょう》が、亡くなった人のためになるという信心は、世間の常識のようになっています。

しかし、そのような迷信を徹底的《てっていてき》に打破なされたのが、実に、仏教を説かれた釈尊《しゃくそん》であったのです。また、親鸞聖人《しんらんしょうにん》は、その釈尊《しゃくそん》の教えを、最も、厳しく教誡《きょうかい》された方でありました。

ある時、釈尊《しゃくそん》に一人の弟子が、「死人のまわりで、有り難い経文を唱えると、死人が善い所へ生まれ変わるという人がありますが、本当でしょうか」と尋《たず》ねたことがありました。

その時、釈尊《しゃくそん》は黙《だま》って小石を一個拾われて、近くの池に投げられました。水面に輪を描《えが》いて沈《しず》んでいった石を釈尊《しゃくそん》は指さされて、こう反問されています。

「あの池のまわりを、石よ浮《う》いてこい、浮《う》いてこいと唱えながら回れば、石は浮《う》いてくるであろうか」

石は、それ自身の重さで沈《しず》んでいったのだ。人間もまた、自業自得《じごうじとく》によって死後の果報《かほう》が決まるのだ。経文を読んで死人の果報《かほう》が変わるはずがないではないか、というのが釈尊《しゃくそん》の教えです。

読経《どきょう》や儀式《ぎしき》で死者が救われるという信仰《しんこう》は、もともと仏教にはなかったのです。

それどころか、そんな迷信を打ち破って、生きている時に、絶対の幸福に導くのが仏教の目的なのです。あの孝心の厚い親鸞聖人《しんらんしょうにん》が、「親鸞《しんらん》は、亡き父母の追善供養《ついぜんくよう》のために、一遍《いっぺん》の念仏《ねんぶつ》も称《とな》えたことがない」とおっしゃっているのも、これら根深い迷信を、いかに打破されているかが分かるでしょう。

しかし、このような真実の仏法を説くと、読経《どきょう》や葬式《そうしき》が死人のためになると宣伝して、生活の糧《かて》にしている人たちから猛反発《もうはんぱつ》されるのを恐《おそ》れて、誰《だれ》も明らかにしませんから、人情も後押《あとお》しして、世間の根強い迷信となってしまったのです。

まず、このような人たちは、お経が、どうしてできたのかということを全く知らないのです。お経は、苦しみ悩《なや》んでいる人間を幸福にするために、釈尊《しゃくそん》が説かれた教えを弟子たちが、後世の私たちのために書《か》き遺《のこ》したものです。だから、当然ながら死人に説かれたものはありません。お経はすべて、生きている人を相手に説かれたものです。

親鸞聖人《しんらんしょうにん》の書かれた『正信偈《しょうしんげ》』も、蓮如上人《れんにょしょうにん》の『御文章《ごぶんしょう》』も、みな生きている人のために書かれたものであって、死人のために書かれたものなど、一つもないのと同じです。

あくまでも、現在、苦しみ悩《なや》める人々を真実の幸福に導くために、書き遺《かのこ》されたものであることを知らなければなりません。

では、葬式《そうしき》や法事や読経《どきょう》は、全く無意味なことかといいますと、それは勤める人の精神の如何《いかん》にかかっています。

厳粛《げんしゅく》な葬儀《そうぎ》を通して、我が身を反省し罪悪観《ざいあくかん》を深め無常《むじょう》を観《かん》じて、聞法心を強める縁とすれば有り難い勝縁《しょうえん》となりましょう。

また、法事も、チンプンカンプンの読経《どきょう》のみで終わっては意味がありません。読まれたお経に説かれている教えを聞かせて頂いて、ますます、弥陀《みだ》の救いを求めなければならないことを知らされてこそ意味があるのです。死んでしまえば、生きている者が、どんなに騒《さわ》いでも、どうすることもできないのです。

命《いのち》のうちに不審《ふしん》もとくとく晴《は》れられ候《そうら》わでは、定《さだ》めて後悔《こうかい》のみにて候《そうら》わんずるぞ、御心得《おんこころえ》あるべく候《そうろう》
（『御文章《ごぶんしょう》』一帖）

命のあるうちに、阿弥陀仏《あみだぶつ》の救いに値《あ》わなければ必ず後悔《こうかい》するであろう。よくよく心得ねばならぬ。

蓮如上人《れんにょしょうにん》の訓戒《くんかい》を、噛《か》みしめなければなりません。

12

親鸞聖人の教えと先祖のたたり

問

世間では何か不幸や災難がおきると、それは先祖のたたりだとか、先祖の供養《くよう》をしないからだとか言う人がありますが、本当でしょうか。親鸞聖人《しんらんしょうにん》は、どう教えられているのでしょうか。

答

不幸や災難を先祖のたたりだとか、供養《くよう》をしないからだとかいうのは、全くばかげた外道《げどう》の迷信です。

この世の一切のことは、因縁果の法則で運行されているのが実相ですから、不幸や災難に遭《あ》うのも、その人その人の、過去に蒔《ま》いた業因《ごういん》によって招いた結果にほかならぬと、釈尊《しゃくそん》は教えておられます。

無論、親鸞聖人《しんらんしょうにん》も、全く同じように教導されています。まかぬタネは、絶対に生えないのです。自分に現れた結果は、すべて自分のまいたタネからなのです。自因自果《じいんじか》に、絶対、狂《くる》いはありません。

だから、逆境に遭《あ》えば、過去にまいた恐《おそ》ろしい悪業《あくごう》を知らされて懺悔《ざんげ》し、二度と再び、そんな悪因《あくいん》をまかぬように努力し、順境に恵《めぐ》まれれば、どんな悪果《あっか》を受けても当然な私なのに、こんなに恵《めぐ》まれるのは、如来聖人《にょらいしょうにん》のご加護と感謝して生きるのが、正法《しょうぼう》（仏法）を信ずる者の生活態度です。

次に、先祖の供養《くよう》についてのことですが、古来、人情の美風でもあり仏教でも大切なことだと説かれていますが、本当の先祖の供養《くよう》の仕方を知らないために、多くの迷信の温床《おんしょう》になっているのは甚《はなは》だ悲しい実状です。

立派な墓を造ったり、盛大な葬儀《そうぎ》や法事を勤めたりすることが、なによりの先祖の供養《くよう》だと思っている人の、いかに多いことでしょう。

しかし、私たちが本気で先祖の供養《くよう》をしようとする時は、今までの習慣にとらわれず、まず考えなければならないことは、先祖の喜ぶことは何かということです。先祖の供養《くよう》の仕方はそれによって決まるのです。

なぜなら、先祖の心に反する言動に、いくら大金を投じ、いかに苦労をしても、先祖の供養《くよう》にはならないからです。

最も先祖が、私たちに望んでいることを知ろうとすれば、亡き先祖に聞かなくても、私たちが、子供や子孫に一番、何を願っているかを考えれば明らかなことです。

それは、正しく生きよ、幸福になれよ、ということに違《ちが》いはないでしょう。されば、私たちの先祖も、私たちが、正しく幸福に生きることを最も喜ぶに違《ちが》いありません。

ならば、私たちが真実の仏法を求め、弥陀《みだ》より金剛《こんごう》の信心＊を獲得《ぎゃくとく》して絶対の幸福になり、たくましく生きることこそが、先祖の最も喜ぶ最高の供養《くよう》となる

＊金剛の信心　絶対に変わらない信心。

のです。

ただ自力《じりき》をすてて急《いそ》ぎ浄土《じょうど》のさとりを開《ひら》きなば、六道四生《ろくどうししょう》のあいだ、いずれの業苦《ごうく》に沈《しず》めりとも、神通方便《じんずうほうべん》をもってまず有縁《うえん》を度《ど》すべきなり

（『歎異抄《たんにしょう》』第五章）

はやく、弥陀《みだ》の本願《ほんがん》を計ろう自力の心を捨てて、浄土《じょうど》で仏のさとりを開けば、六道《ろくどう》・四生《ししょう》の迷いの世界で、どんな苦しみに沈《しず》んでいようとも、仏の方便力《ほうべんりき》で、縁の深い人々から救うことができよう。

この親鸞聖人《しんらんしょうにん》のお言葉は、私たちの先祖に対する真の追善供養《ついぜんくよう》のあり方をお示しになっていることを知らなければなりません。

13

霊夢で見た親鸞聖人①（定禅の夢）

問

「それは、霊夢《れいむ》に違《ちが》いない」などと聞くことがありますが、霊夢《れいむ》とはどんな夢をいうのでしょうか。親鸞聖人《しんらんしょうにん》のことを夢で見た、お弟子たちやご内室の話を聞かせてください。

答

昔から夢には、種々あるといわれています。一般《いっぱん》に、正夢といわれている実夢《じつむ》。思い続けていることを夢見る心夢《しんむ》。とりとめのないことを夢見る虚夢《きょむ》。種々雑多な雑夢《ざつむ》。恐《おそ》れていることを見る懼夢《くむ》や、仏や菩薩《ぼさつ》から授かる霊夢《れいむ》といわれるものもあります。

普通《ふつう》は、体験したことや想像できることを夢見るものですが、霊夢《れいむ》は、私たちの想像を超《こ》えたものでありながら、鮮明《せんめい》にいつまでも記憶《きおく》に残り、後日、事実となって現れるのが特徴《とくちょう》だといわれます。

普通《ふつう》の夢は、夜中に珍《めずら》しい夢を見て目を覚まし、ぜひ覚えていて家族に話そうと思っていても、翌朝になるとどうしても思い出せない、思い出せてもハッキリしないものです。

霊夢《れいむ》は鮮《あざ》やかで、夢の中で見た姿や形、聞いた言葉や読んだ文字《もじ》までが、ハッキリ記憶《きおく》に残るといわれます。生まれて一度も聞いたことも、読んだこともない難しい経文なども、その例外ではないそうです。

親鸞聖人《しんらんしょうにん》の、磯長《しなが》や大乗院《だいじょういん》、六角堂《ろっかくどう》の霊夢《れいむ》でも、難しい夢告が極めて鮮明《せんめい》に述べられています。しかも、後日、そのまま事実となっていることに驚《おどろ》かずにおれません。

せっかくのお尋《たず》ねですから、まず『御伝鈔《ごでんしょう》』（覚如上人《かくにょしょうにん》の書かれた親鸞聖人《しんらんしょうにん》の伝記）に記されている、霊夢《れいむ》の二、三を紹介《しょうかい》しましょう。

『御伝鈔《ごでんしょう》』上巻八段に、次のようなことが記述されています。


親鸞聖人《しんらんしょうにん》のお弟子の入西房《にゅうさいぼう》が、つね日頃《ひごろ》、聖人《しょうにん》のお姿を写しておきたいと、心ひそかに願っていた。それを察せられた聖人《しょうにん》は、ある日、こうおっしゃった。

「素人《しろうと》の描《えが》いたものでは、満足できないだろう。七条《しちじょう》あたりに、定禅法橋《じょうぜんほっきょう》という絵師がいる。彼に写させたらよかろう」

入西房《にゅうさいぼう》は大変喜び、どこまでも行き届いた恩師の配慮《はいりょ》に感激し、さっそく定《じょう》禅法橋《ぜんほっきょう》を招いた。

やがて参上した絵師の定禅《じょうぜん》が、親鸞聖人《しんらんしょうにん》の尊顔《そんがん》を拝するや驚《おどろ》いて、こう言った。

「実は昨晩、珍《めずら》しい夢を見ました。その夢に現れた尊い御僧《みそう》のお顔と、ただ今、お目にかかるお顔とは、少しも変わらない。こんな不思議なことがあるものでしょうか」

と、夢の子細を話した。

「昨晩、尊い御僧《みそう》が二人入ってこられた夢を見ました。一人のお方が、お連れの方を指さして、この御僧《みそう》の真影《しんえい》を、ぜひあなたに描《えが》いていただきたいが、いかがかとおっしゃいました。

私は、この御僧《みそう》は一体、どなたさまでしょうかと尋《たず》ねると、このお方こそ、善光寺《ぜんこうじ》の阿弥陀如来《あみだにょらい》であると、その僧《そう》はおっしゃいました。

余りのことに私は、さては肉身の阿弥陀如来《あみだにょらい》でましますかと合掌《がっしょう》し、身の毛いよだつ思いで恐懼平伏《きょうくへいふく》していると、お顔だけ写していただければ結構だとも言われました。このような問答往復で、夢が覚めました。

ところが、いま拝顔いたします御僧《みそう》のお姿と、夢の中の御僧《みそう》とは、寸分の違《ちが》いもありません。ああ、なんという不思議なことがあるものでしょうか」

定禅《じょうぜん》は、喜びのあまり感泣した。

「それでは、夢のとおりにさせていただきましょう」と、聖人《しょうにん》のお顔だけをお写し申し上げた。

定禅《じょうぜん》が、この霊夢《れいむ》を見たのは、仁治《にんじ》三年九月二十日の夜のことであった（聖《しょう》人《にん》七十歳）。

この不思議な夢をつくづく考えてみると、親鸞聖人《しんらんしょうにん》は、阿弥陀如来《あみだにょらい》のご化身《けしん》*であったことは明らかである。したがって、親鸞聖人《しんらんしょうにん》のみ教えは、阿弥陀如来《あみだにょらい》直々《じきじき》のご説法《せっぽう》であることも、なんの疑いもない。心中より仰信《ぎょうしん》すべきである。

以上が、『御伝鈔《ごでんしょう》』の「定禅夢想《じょうぜんむそう》」といわれる概略《がいりゃく》の意味です。

＊化身　姿を変えたもの。

14

霊夢で見た親鸞聖人②（箱根の夢と平太郎の夢）

問

「それは、霊夢《れいむ》に違《ちが》いない」などと聞くことがありますが、霊夢《れいむ》とはどんな夢をいうのでしょうか。親鸞聖人《しんらんしょうにん》のことを夢で見た、お弟子たちやご内室の話を聞かせてください。

答

親鸞聖人《しんらんしょうにん》が、懐《なつ》かしい関東をあとに帰洛《きらく》の途中《とちゅう》でのことである。夕暮れになって、険しい箱根《はこね》の山道にさしかかられた。もう、どこにも旅人の姿はない。夜も深まり、やがて暁《あかつき》近く月落ちる頃《ころ》、ようやく人家らしきものを見つけて、聖人《しょうにん》はホッとなされた。

訪ねた家から、身なりを整えた一人の老人が、うやうやしく出迎《でむか》えて、こう言った。

「私がいま、少しまどろんでいますと、夢うつつに、箱根《はこね》の権現《ごんげん》（神）さまが現れて、もうすぐ、私の尊敬する客人がこの道を通られる。必ず、丁重に誠を尽《つ》くしてご接待申しあげるように……と、お言いつけになりました。

そのお告げが、終わるか終わらぬうちに、貴僧《きそう》が訪ねられました。権現《ごんげん》さままでが尊敬なさる貴僧《きそう》は、決して、ただ人ではありませぬ。権現《ごんげん》さまのお告げは明らかです」

老人は、感涙《かんるい》にむせびつつ丁寧《ていねい》に迎《むか》え入《い》れ、さまざまのご馳走《ちそう》で、心から聖《しょう》人《にん》を歓待《かんたい》した。

以上は、『御伝鈔《ごでんしょう》』下巻四段に出ている、霊夢《れいむ》の大略です。

続いて、『御伝鈔《ごでんしょう》』下巻五段にも、不思議な夢が記されています。親鸞聖人《しんらんしょうにん》が、関東から京都へ帰られ、昔を偲《しの》ばれる年月は、まるで夢幻《ゆめまぼろし》のように思われた。

やがて聖人《しょうにん》は、お気に召《め》された五条西洞院《ごじょうにしのとういん》あたりに住まわれる。それを知った、縁ある門徒同行《もんとどうぎょう》たちが、聖人《しょうにん》を慕《した》って、ぞくぞくと参集した。

その中に、常陸国《ひたちのくに》（茨城県）那荷西郡大部郷《なかのさいのこおりおおぶのごう》の平太郎《へいたろう》という人もいた。平太《へいた》郎《ろう》は、ある大家に仕えながら、聖人《しょうにん》の教えを純粋《じゅんすい》に信奉《しんぽう》し、全く二心のない人であった。

ところがこのたび、主人の命令で、紀州《きしゅう》の熊野《くまの》の権現《ごんげん》（神）へ参詣《さんけい》しなければならなくなったのである。彼の主人は、熊野権現《くまのごんげん》の厚い信者であった。

かねて親鸞聖人《しんらんしょうにん》から、神に仕えてはならぬと厳しく教えられていた、平太郎《へいたろう》の困惑《こんわく》はいかばかりであったろう。ことは後生《ごしょう》の一大事《いちだいじ》、どうすべきか。直《じか》に聖人《しょうにん》にお尋《たず》ねするために平太郎《へいたろう》は、はるばる関東からやって来たのである。

聖人《しょうにん》は、その彼に厳然とおっしゃった。

「末法の今日《こんにち》では、諸仏・菩薩《ぼさつ》や諸神の力では、絶対に助からぬ。我々の救われる道は、唯《ただ》一つ、阿弥陀仏《あみだぶつ》に一向専念《いっこうせんねん》するほかにない。ゆえに、『一向専念《いっこうせんねん》無量寿仏《むりょうじゅぶつ》』は、往生《おうじょう》の肝腑《かんぷ》であり、自宗の骨目《こつもく》なのだ」

と説かれ、これは決して親鸞《しんらん》の独断ではない、全く経釈《きょうしゃく》のご金言であることを、こんこんと諭《さと》されてから、こう、優しくおっしゃった。

「しかし、平太郎《へいたろう》、このたびのことは、そなたが望んだことではなく、逃《のが》れ難《がた》い主命であれば、従うがよかろう。しかし、権現《ごんげん》（神）には、決して神の作法や儀式《ぎしき》で奉仕《ほうし》してはならないぞ」

血も涙《なみだ》もある聖人《しょうにん》のご教導に、平太郎《へいたろう》は泣いた。

かくて、彼の心は定まり熊野《くまの》へ随行《ずいこう》したが、一切の神信心の作法や儀式《ぎしき》をしなかった。

ところが、その晩、平太郎《へいたろう》は不思議な夢を見た。

衣冠《いかん》を正した権現《ごんげん》（神）が、証誠殿《しょうじょうでん》の扉《とびら》を押《お》し開《ひら》いて現れ、「汝《なんじ》は、なぜ、神に対する作法や儀式《ぎしき》をせず、この権現《ごんげん》を軽んずるのか」と平太郎《へいたろう》を問責した。

そこへ、忽然《こつぜん》として親鸞聖人《しんらんしょうにん》が出現なされ、権現《ごんげん》に向かって厳かにおっしゃった。

「これ権現《ごんげん》、この平太郎《へいたろう》は親鸞《しんらん》の教えを信じ念仏《ねんぶつ》する者である」

これを聞いた権現《ごんげん》は、直ちに衣冠《いかん》を正し、聖人《しょうにん》に敬礼して、更《さら》に一言も言わなかった……。

平太郎《へいたろう》の夢は、そこでさめた。

不思議なこともあるものと思いながら、聖人《しょうにん》の許《もと》に帰って、夢の一部始終を申し上げると、聖人《しょうにん》は、「そうだ、そうだ、そのことだ」と仰《おお》せになった。

これまた、大変、不思議なことである。

以上が、平太郎《へいたろう》の見た霊夢《れいむ》の粗筋《あらすじ》です。

15

霊夢で見た親鸞聖人③（蓮位房の夢）

問

「それは、霊夢《れいむ》に違《ちが》いない」などと聞くことがありますが、霊夢《れいむ》とはどんな夢をいうのでしょうか。親鸞聖人《しんらんしょうにん》のことを夢で見た、お弟子たちやご内室の話を聞かせてください。

答

これは、親鸞聖人《しんらんしょうにん》が亡くなられる四十余年前、下野国《しもつけのくに》さぬきという所で、聖人《にん》のご内室、恵信尼《えしんに》が見られた霊夢《れいむ》です。

末娘《すえむすめ》の覚信尼《かくしんに》から、聖人《しょうにん》ご往生《おうじょう》の報告を受けられた恵信尼《えしんに》が、その返事の中に記されているものです。

「恵信尼文書《えしんにもんじょ》」*や『口伝鈔《くでんしょう》』十二条から、その大意を紹介《しょうかい》しましょう。

ある新築の御堂《みどう》で、厳かに堂供養《どうくよう》が行われていた。堂前の鳥居のようなものの横木に、二幅の絵像本尊《えぞうほんぞん》がかかっている。

一幅の尊形《そんぎょう》は、明らかに拝せられたが、もう一幅は、ただ金色に輝《かがや》いて、尊容が分からなかった。そこで傍《そば》の参詣者《さんけいしゃ》に「あの光《ひか》り輝《かがや》いている方は、何仏でしょうか」と尋《たず》ねると、「あの光ばかりでいられるのは勢至菩薩《せいしぼさつ》で、今の法然《ほうねん》上人《しょうにん》である」とのこと。

「では、もう一幅の尊形《そんぎょう》は」と聞くと、「あれは、大悲の観世音菩薩《かんぜおんぼさつ》で善信《ぜんしん》の御房《おんぼう》、親鸞聖人《しんらんしょうにん》である」と告げられたところで、目が覚めた。

翌朝、聖人《しょうにん》に申し上げると、

「夢には種々あるが、それは真実だ。法然上人《ほうねんしょうにん》は、勢至菩薩《せいしぼさつ》のご化身《けしん》*に間違《まちが》いない」

＊恵信尼文書　親鸞聖人のご内室・恵信尼様が、末娘の覚信尼に宛てられたお手紙。
＊化身　姿を変えたもの。

と仰《おお》せられた。

しかし、どうしても、殿《との》（聖人《しょうにん》）が、観世音菩薩《かんぜおんぼさつ》のご化身《けしん》であるとのお告げは、憚《はばか》って申し上げられなかった。

それ以来、心中深く思い留めて、恭敬《くぎょう》の真心でお仕《つか》えしてきた。どうかあなた（覚信尼《かくしんに》）も、「わが父は、このようなお方」と心得ていてもらいたい。

されば、ご臨終が、どうあらせられようとも（聖人《しょうにん》のご臨終は、なんの奇瑞《きずい》もなく侍《じ》する者も少なかった）、心にかかることは、なにもありません……云《うん》々《ぬん》。

恵信尼《えしんに》が、四十余年間、誰《だれ》にも語らず、深く胸に秘めていたことを、愛嬢《あいじょう》・覚信尼《かくしんに》に、そっと漏《も》らされたものです。

最後に、『御伝鈔《ごでんしょう》』上巻四段や『親鸞聖人正明伝《しんらんしょうにんしょうみょうでん》』の、蓮位房《れんにぼう》の霊夢《れいむ》を記しておきましょう。

建長八年の春、親鸞聖人《しんらんしょうにん》は、八十四歳のご老体で、いささか病気がちであった。聖人《しょうにん》、昵懇《じっこん》のお弟子、蓮位房《れんにぼう》と顕智房《けんちぼう》が、看病申し上げることが多かった。

そんなある日、蓮位房《れんにぼう》が尋《たず》ねた。

「顕智房殿《けんちぼうどの》、あなたはわが聖人《しょうにん》を、いかなるお方と思っておられますか」

「私は、まさしく仏のご化身《けしん》と信じております」

キッパリと顕智房《けんちぼう》は答えたが、どうも蓮位房《れんにぼう》は、即座《そくざ》に同意しかねるようだった。

「私も、ある時は、そう感ずることもありますが、ある時は、どうだかそうでもなさそうに思えることもあります」

正直な告白に、顕智房《けんちぼう》は微笑《びしょう》しながら、

「そう思われましょうが、そのうちに、きっとお分かりになります」

と確信ありげに、囁《ささや》いた。

ところが、二月九日の夜、蓮位房《れんにぼう》は明らかな夢を見た。聖徳太子《しょうとくたいし》が親鸞聖人《しんらんしょうにん》を礼拝して、こうおっしゃっているではないか。

「私は、大慈大悲《だいじだいひ》の阿弥陀仏《あみだぶつ》を敬って礼拝いたします。あなたは微妙《みみょう》の教法を、この五濁悪世界《ごじょくあくせかい》に弘《ひろ》め、あらゆる衆生《しゅじょう》に、必ず無上覚《むじょうかく》を得させるために来生《らいしょう》なされた、尊いお方です」

夢さめた蓮位房《れんにぼう》は、驚《おどろ》いた。

さては、わが聖人《しょうにん》は阿弥陀仏《あみだぶつ》のご化身《けしん》であったのか、いままで、さまで尊く思わなかったことのあさましさよと感泣した。

それにしても、顕智房《けんちぼう》は不思議なことを言う人だ。この人もまた、ただ人ではなさそうだと、驚《おどろ》いて語ったといわれています。

これら霊夢《れいむ》の、「観音《かんのん》の化現《けげん》」と「弥陀《みだ》の化身《けしん》」の違《ちが》いについて、覚如上人《かくにょしょうにん》は、次のようにおっしゃっています。

祖師聖人《そししょうにん》あるいは観音《かんのん》の垂迹《すいじゃく》とあらわれ、あるいは本師弥陀《ほんしみだ》の来現《らいげん》と示《しめ》しましますこと明《あき》らかなり。弥陀《みだ》・観音一体異名《かんのんいったいいみょう》、ともに相違《そうい》あるべからず

（『口伝鈔《くでんしょう》』十三条）

親鸞聖人《しんらんしょうにん》は、観音菩薩《かんのんぼさつ》の化現《けげん》であり、阿弥陀仏《あみだぶつ》の化身《けしん》であることは明らかである。

観音菩薩《かんのんぼさつ》といっても、阿弥陀仏《あみだぶつ》の慈悲《じひ》の象徴《しょうちょう》であるから、なんら違《ちが》いはないのである。

16

親鸞聖人の見られた夢とは（磯長の夢告）①

問

親鸞聖人《しんらんしょうにん》には、夢の記録が多いとお聞きしますが、どのような夢であったのでしょうか。

答

昔から、聖人《せいじん》に夢なしといわれますが、親鸞聖人《しんらんしょうにん》は、最も多く夢を見られたお方のようです。

二十年間も、山にこもって勉学修行をされたので、生理的にも睡眠不足《すいみんぶそく》で夢を見られたとも考えられますが、不眠不休《ふみんふきゅう》の求道に御仏《みほとけ》も感動し、夢の中にまで現れ教導なされた霊夢《れいむ》としか思えないものばかりです。
その主なものを紹介《しょうかい》して、愚見《ぐけん》も述べてみたいと思います。

建久二年九月十二日といえば、親鸞聖人《しんらんしょうにん》十九歳の時ですが、比叡《ひえい》での求道に行きづまられた聖人《しょうにん》が、かねて崇敬《すうけい》されていた聖徳太子《しょうとくたいし》の御廟《ごびょう》へ参籠《さんろう》されて、生死《しょうじ》の一大事《いちだいじ》＊の助かる道を尋《たず》ねられたことがありました。

この時は、十三日より十五日までの三日間、おこもりなされたのですが、その間のことを聖人《しょうにん》自ら、次のように書《か》き遺《のこ》しておられます。

私は、かつて母から聞かされていた、〝夢に如意輪観音《にょいりんかんのん》が現れて、五葉《ごよう》の松を母に授けて私の出生を予告した〟という話を思い出し、観音《かんのん》の垂迹《すいじゃく》＊である聖《しょう》徳太子《とくたいし》のお導きによって、太子ゆかりの磯長《しなが》の御廟《ごびょう》へ参詣《さんけい》した。

三日間、一心不乱に生死出離《しょうじしゅつり》の道を祈《いの》り続《つづ》けて、遂《つい》に失神してしまった。

第二夜の十四日、四更《しこう》（深夜二時）ごろ、夢のように幻《まぼろし》のように、自ら、石

＊生死の一大事　「死んだらどうなるか」の大問題。
＊垂迹　我々を弥陀の救いに導くために、仏や菩薩が姿を変えて現れること。

の戸を開いて聖徳太子《しょうとくたいし》が現れ、廟窟《びょうくつ》の中は、あかあかと光明に輝《かがや》いて驚《おどろ》いた。

　その時、聖人《しょうにん》に告げられた聖徳太子《しょうとくたいし》のお言葉を、次のように記されています。

「我《わ》が三尊《さんぞん》は、塵沙《じんじゃ》の界《かい》を化《け》す。日域《じちいき》は大乗相応《だいじょうそうおう》の地《ち》なり。諦《あきらか》に聴《き》け諦《あきらか》に聴《き》け、我《わ》が教令《きょうれい》を。汝《なんじ》が命根《みょうこん》は応《まさ》に十余歳《じゅうよさい》なるべし。命終《いのちおわ》りて速《すみ》やかに清浄土《しょうじょうど》に入《はい》らん。善《よ》く信《しん》ぜよ、善《よ》く信《しん》ぜよ、真《まこと》の菩薩《ぼさつ》を。

　時に、建久二年九月十五日、午時初刻、前の夜（十四日）の告令《こくれい》を記し終わった。仏弟子　範宴《はんねん》」

範宴《はんねん》とは、当時の親鸞聖人《しんらんしょうにん》のお名前です。

　この時、聖徳太子《しょうとくたいし》が聖人《しょうにん》に告げられた言葉の意味は、こうです。

「弥陀《みだ》、観音《かんのん》、勢至《せいし》の三尊《さんぞん》は、チリのようなこの悪世の人々を救わんと尽力《じんりょく》されている。

　日本は、真実の仏法の栄えるに、ふさわしい所である。よくきけよ、よくきけよ、耳をすまして、私の言うことを。

そなたの命は、あと十年余りである。その命が終わる時、そなたは浄《きよ》らかな世界に入るであろう。

だから真の菩薩《ぼさつ》を、深く信じなさい。心から信じなさい」

ということでした。

聖徳太子《しょうとくたいし》の御廟《ごびょう》は、河内国東条磯長《かわちのくにとうじょうしなが》（現・大阪府太子町）にありましたので、これを磯長《しなが》の夢告といわれています。

この磯長《しなが》の夢告は、親鸞聖人《しんらんしょうにん》に何を予告し、どんなことが示唆《しさ》されていたのでしょうか。

17

親鸞聖人の見られた夢とは（磯長の夢告）②

問

親鸞聖人《しんらんしょうにん》には、夢の記録が多いとお聞きしますが、どのような夢であったのでしょうか。

答

十九歳の聖人《しょうにん》が、磯長《しなが》の夢告で最も深刻に受けとめられたのは、何といっても「そなたの命は、あと十年余り」の予告であったことは想像にかたくありません。

「命が終わる時、浄《きよ》らかな世界に入るであろう」の夢告も、聖人《しょうにん》には甚《はなは》だ不可解な予告であったに違《ちが》いありません。

「だから真の菩薩《ぼさつ》を、心から信じなさい、深く信じなさい」と言われても、真の菩薩《ぼさつ》とは誰《だれ》なのか、どこにましますのか、聖人《しょうにん》の不審《ふしん》は深まる一方だったと思われます。

だがやがて、これらの謎《なぞ》が一度に解ける時がやって来るのです。

親鸞聖人《しんらんしょうにん》は、弥陀《みだ》に救われた時、死ぬのだとおっしゃっています。同時に、光明の世界に生まれるのだともおっしゃっています。

それを『愚禿鈔《ぐとくしょう》』に、こう教述《きょうじゅつ》されています。

本願《ほんがん》を信受《しんじゅ》するは、前念命終《ぜんねんみょうじゅう》なり。即得往生《そくとくおうじょう》は、後念即生《ごねんそくしょう》なり（愚禿鈔《ぐとくしょう》）

弥陀《みだ》の本願《ほんがん》、まことだったと信受した時、永《なが》の迷いの命が死ぬのだ。同時に、往生一定《おうじょういちじょう》＊の光明《こうみょう》の世界に生まれるのである。

＊**往生一定**　浄土へ往けることがハッキリすること。

親鸞聖人《しんらんしょうにん》が「まことなるかなや、摂取不捨《せっしゅふしゃ》の真言《しんごん》、超世希有《ちょうせけう》の正法《しょうぼう》」と、弥陀《みだ》の本願《ほんがん》を信受されたのは、二十九歳でありましたから磯長《しなが》の夢告から十年目のことでした。

されば、「十年余りで死ぬ」と言われたのは、自力《じりき》の迷心《めいしん》のことであったのです。

そして、「速やかに、浄《きよ》らかな世界に入るであろう」と言われたのは、一念《いちねん》の弥陀《みだ》の救いであり、絶対の幸福を獲《う》ることを予告されたものでした。

深く信じなさい、心から信じなさいと勧《すす》められた真の菩薩《ぼさつ》とは、法然上人《ほうねんしょうにん》であったことも聖人《しょうにん》は、明らかに知らされたことでありましょう。

磯長《しなが》の夢告より九年たった、正治《しょうじ》二年十二月上旬、二十八歳になられた聖人《しょうにん》は、目前に迫《せま》る後生《ごしょう》の一大事《いちだいじ》に懊悩《おうのう》されて、比叡山《ひえいざん》の南、無動寺《むどうじ》の中にある大《だい》乗院《じょういん》に、こもり切られるようになりました。

そして、参籠《さんろう》の満願にあたる十二月二十八日の四更《しこう》（深夜二時）、如意輪観《にょいりんかん》音《のん》が現れて聖人《しょうにん》は、再び夢告にあずかったことを記されています。

「善《よ》いかな、善《よ》いかな。汝《なんじ》が願《ねが》い、まさに満足《まんぞく》せんとす。善《よ》いかな、善《よ》いかな。我《わ》が願《ねが》い、また満足《まんぞく》す」

この意味は、「そなたの一大事《いちだいじ》の後生《ごしょう》、解決できる時は近づいた。私の役割も終わろうとしている」というものです。

これを、大乗院《だいじょういん》の夢告といわれています。

明けて二十九歳になられる親鸞聖人《しんらんしょうにん》には、まさに弥陀《みだ》の絶対の救いが、眼前に近づいていたのです。

十方衆生《じっぽうしゅじょう》を、この絶対無二の弥陀《みだ》の救いに値《あ》わせることが、一切の諸仏、菩《ぼ》薩《さつ》の唯一《ゆいいつ》の責務でありますから、如意輪観音《にょいりんかんのん》も、その使命を果たした喜びを夢告したものと思われます。

18

親鸞聖人の見られた夢とは（女犯の夢告）

問

親鸞聖人《しんらんしょうにん》には、夢の記録が多いとお聞きしますが、どのような夢であったのでしょうか。

答

親鸞聖人《しんらんしょうにん》にとって、忘れることのできない第三の夢は、大乗院《だいじょういん》の夢告の直後、さしせまる後生《ごしょう》の一大事《いちだいじ》に苦悩《くのう》された聖人《しょうにん》が、比叡《ひえい》の山を下りて京都の六角堂《ろっかくどう》で、百日おこもりになられたことがあります。

六角堂《ろっかくどう》は、聖徳太子《しょうとくたいし》の建立なされたものですが、その本尊の救世観音《ぐぜかんのん》に、我が身の救われる道があるかと、必死に尋《たず》ねられた時のことです。

九十五日目の夜明けに、救世観音《ぐぜかんのん》が顔かたちをととのえ立派な僧《そう》の姿をして、まっ白な袈裟《けさ》を身に着け、大白蓮華《だいびゃくれんげ》の台《うてな》に座って、こう告げられたと、聖人《しょうにん》自ら記されています。

「行者《ぎょうじゃ》が、これまでの因縁《いんねん》によって、たとい女犯《にょぼん》があっても、私（観音《かんのん》）が玉女《ぎょくにょ》の身となって肉体の交わりを受けよう。

一生の間、能《よ》く荘厳《しょうごん》して、その死に際しては導いて極楽に生じさせよう。

救世菩薩《ぐぜぼさつ》は、この文《もん》を唱えて言うには、

『この文《もん》は、私の誓願《せいがん》である。一切の人々に説き聞かせなさい』と告げられた。

仰《おお》せに従って、数千万の人々に、これを聞かせたと思われたところで夢が覚め終わった」

この夢告の偈文《げもん》は、『御伝鈔《ごでんしょう》』上巻第三段に載《の》せられています。

また、親鸞聖人《しんらんしょうにん》より五年も早く亡くなった、高弟の真仏《しんぶつ》が書写した文書にもありますから、聖人《しょうにん》の真作として、今日《こんにち》疑う人はありません。

行者《ぎょうじゃ》とは、真実の救いを求め、仏道修行していられた親鸞聖人《しんらんしょうにん》のことです。

それまで仏教では、僧侶《そうりょ》は一切女性に近づいてはならないという、厳しい戒《かい》律《りつ》がありました。しかし、色と欲から生まれた人間が、色と欲から離《はな》れ切《き》れない矛盾《むじゅん》に突《つ》き当《あ》たって、悶《もだ》え苦しんでいられた聖人《しょうにん》に、

「もしあなたが、女性と交わりを結ぶ時は、私（観音《かんのん》）が玉女《ぎょくにょ》という女になってあげましょう」と告げられたのは、ありのままの人間として、男女が結婚《けっこん》して人生を荘厳《しょうごん》できる、阿弥陀仏《あみだぶつ》の絶対の救済のあることを、救世観音《ぐぜかんのん》が夢で教導なされたものでしょう。

しかも、「この文《もん》は、私の誓願《せいがん》である」と断言しているのは、この弥陀《みだ》の絶対の救済を教えることこそが、諸仏・菩薩《ぼさつ》の出世の本懐《ほんがい》であることを表白なされたものに違《ちが》いありません。

「一切の人々に説き聞かせなさい」と告げたのは、「この阿弥陀仏《あみだぶつ》の救いを、

一切の人々に説き伝えることのみが、あなたの唯一無二《ゆいいつむに》の使命である」と、救世観音《ぐぜかんのん》が聖人《しょうにん》にさとされたものでしょう。

「この救世観音《ぐぜかんのん》の指示に従い、数千万の人々に、これを聞かせた」とあるのは、聖人《しょうにん》が鮮明《せんめい》に説き開かれた弥陀《みだ》の本願《ほんがん》によって、どれだけの大衆が人間あるがままの姿で、絶対の救いに値《あ》うことができたであろうことを思えば、深くうなずかずにはおれません。

世にこれを「女犯《にょぼん》の夢告」とか、「救世観音《ぐぜかんのん》の夢告」といわれているものです。

このほか、『御伝鈔《ごでんしょう》』などに、種々の夢記がありますが一応擱筆《かくひつ》いたします。

19

仏教の平等観と親鸞聖人

問

敗戦後の日本は、自由平等を謳歌《おうか》する世の中になりましたが、自由が放縦になり平等が悪平等になって社会の混乱に拍車《はくしゃ》をかけているように思われてなりません。親鸞聖人《しんらんしょうにん》の平等観について聞かせてください。

答

「天は人の上に人をつくらず、人の下に人をつくらず」という福沢諭吉《ふくざわゆきち》の平等思想に、当時の人々は驚《おどろ》きましたが、釈尊《しゃくそん》は三千年の古《いにしえ》に、すでに「万人は平等なり」と道破されています。

釈尊《しゃくそん》当時のインドには、バラモン、クシャトリヤ、ヴァイシャ、シュードラといわれる、厳然たる社会の階級がありました。

バラモン（僧侶《そうりょ》）とクシャトリヤ（王族）は、ほとんど、同等の貴い身分とされていましたが、ヴァイシャは、それらに対して、婚姻《こんいん》はもちろん、交際から職業までも禁じられていました。シュードラにいたっては、直接、それらと言葉も交わすことができないという、虫けら同然にみなされていました。

釈尊《しゃくそん》は、このような四姓《ししょう》の鉄壁《てっぺき》を打ち破って、すべての人は、平等であると喝破《かっぱ》なされたのですから驚嘆《きょうたん》せずにおれません。

この釈尊《しゃくそん》の教えを身をもって実践《じっせん》されて、あの階級対立の厳しい封建社会《ほうけんしゃかい》にあって、すべての人に向かって「御同朋《おんどうぼう》、御同行《おんどうぎょう》」（兄弟よ、友よ）とかしずかれ、

親鸞《しんらん》は弟子《でし》一人《いちにん》ももたず候《そうろう》（『歎異抄《たんにしょう》』第六章）

親鸞《しんらん》には、弟子など一人もいない。

と宣言なされたのが親鸞聖人《しんらんしょうにん》でありました。

これらでお分かりのように、徹底《てってい》して万人の平等を仏教は教えられていますが、決して差別を無視した悪平等でないことを、わきまえていなければなりません。

ある大会社の社長が、一人の社員に社長室へ来るように指示しました。ところが、その社員は、「用があるなら、そちらから来るのが当然だ、民主主義の社会では、すべての人間は平等なのだ」と言って、頑《がん》として応じませんでした。

社長は、怒《おこ》ったり呆《あき》れたりしながらも、これは、大切な問題を含《ふく》んでいることだと考えて、上司の会長に訴《うった》えました。

ことの重大性を認めた会長は、まず、社員に対して、「君は会社の経営ができるか」と尋《たず》ねました。「できません」と社員が答えた。

次に、社長に向かって会長は、「君は、社員の仕事ができるか」と尋《たず》ねると、

「やって来たことですからできます」と、キッパリと答えました。

そこで会長は、社員に向かって、

「基本的人権という点からは人間は平等だが、その能力や経験などには、それぞれ、差別があるのだから、働く場所によって上下があるのは当然であるし、命令系統にも、上下があるのは当たり前のことなのだ」

と諄々《じゅんじゅん》と諭《さと》して、漸《ようや》く納得したという話を聞いたことがあります。

ちょうど私たちの体は、目とか耳とか手足など、いろいろの器官が集まってできていますが、どんなに手が忙《いそが》しくても、足は手伝《てつだ》えず、目が忙《いそが》しいからといって、耳が代わりをすることはできません。

目は目、耳は耳、各々《おのおの》、その果たすべき部署を守って働いておればこそ、一身の共同生活を円滑《えんかつ》にしてゆけるのです。

しかし、もし足の先に蚊《か》でもとまれば、あれは足が食われているのだからと、手は、じっとはしていません。蚊《か》のとまった所を目が確かめ、ぴしゃりと打ちます。一旦緩急《いったんかんきゅう》があれば一致協力《いっちきょうりょく》して、全体の安全を守り生かすのです。

雨は平等に降りそそぎ、草木の大小によって雨量を差別することはありません。しかし、受ける草木のほうはどうかというと、大きな草木は多量の雨水を受け、小さな草木は少量を受けます。もし、大小の草木が同量の雨水を平等に受けたら、どうなるでしょう。

大の草木に適量の時は、小の草木は余り、小の草木に適量の時は、大の草木は不足して、大小ともに枯死《こし》することになってしまいます。すなわち、平等にそそぐ雨は、不平等に受けさせて、平等に、すべてを生かすのです。

差別を無視した悪平等は、種々の悲喜劇を生み混乱を招きますから、くれぐれも注意しなければなりません。

20

親鸞聖人に弟子はなかったのか

問

親鸞聖人《しんらんしょうにん》は『歎異抄《たんにしょう》』に「親鸞《しんらん》は弟子《でし》一人《いちにん》ももたず候《そうろう》」とおっしゃっていますが、本当にお弟子はなかったのでしょうか。そうだとすれば、どうして聖人《しょうにん》の教えが今日《こんにち》に伝えられたのでしょうか。

答

如来大悲《にょらいだいひ》の恩徳《おんどく》は
身《み》を粉《こ》にしても報《ほう》ずべし
師主知識《ししゅちしき》の恩徳《おんどく》も
骨《ほね》を砕《くだ》きても謝《しゃ》すべし

（恩徳讃《おんどくさん》）

阿弥陀如来《あみだにょらい》の高恩と、その本願《ほんがん》を伝えたもうた方々（師主知識）の大恩は、身を粉《こ》に骨を砕《くだ》きても済まない。微塵《みじん》の報謝もできぬ身に泣かされるばかりである。

誠《まこと》に仏恩《ぶっとん》の深重《じんじゅう》なるを念《ねん》じて、人倫《じんりん》の哢言《ろうげん》を恥《は》じず（『教行信証《きょうぎょうしんしょう》』信巻《しんかん》）

広大な弥陀《みだ》の洪恩《こうおん》を思うと、どんなに非難攻撃《こうげき》されても、ジッとしてはいられない。

と常に報謝の念に燃え、布教に全生命を投入なされた親鸞聖人《しんらんしょうにん》に、心底より信順し共に正法宣布《しょうぼうせんぷ》に挺身《ていしん》したお弟子が、なかったはずがありません。

事実、「親鸞聖人門侶交名牒《しんらんしょうにんもんりょきょうみょうちょう》」などには、聖人《しょうにん》に親しく教えを受けた、数多くの門弟の名が記載《きさい》されています。

その数は、現在ある数本の「交名牒《きょうみょうちょう》」と「二十四輩牒《にじゅうよはいちょう》」や、聖人《しょうにん》が京都に還《かえ》られてから、門弟たちに出されたお手紙に見える名前などを、重ね合わせてみますと、七十名以上の、熱心なお弟子があったことが分かります。真仏房《しんぶつぼう》、性信房《しょうしんぼう》、順信房《じゅんしんぼう》、如信房《にょしんぼう》、顕智房《けんちぼう》、唯円房《ゆいえんぼう》、蓮位房《れんにぼう》、明法房《みょうほうぼう》など、錚々《そうそう》たる方々ですが、その分布もかなり広く、たとえば、真仏房《しんぶつぼう》は下野国高田《しもつけのくにたかだ》に、性信房《しょうしんぼう》は下総国飯沼《しもうさのくにいいぬま》に、順信房《じゅんしんぼう》は常陸国鹿島《ひたちのくにかしま》で布教活動していたことが知られています。そのほか、会津《あいづ》、和賀《わが》、藤田《ふじた》、武蔵国太田《むさしのくにおおた》などにも、門弟が散在していたことが分かります。

これらの弟子たちはみな、親鸞聖人《しんらんしょうにん》が法然上人《ほうねんしょうにん》に抱《いだ》いていられたと同じ敬慕《けいぼ》の念を持っていたことは、蓮位房《れんにぼう》が夢の告げに、聖人《しょうにん》は弥陀《みだ》の化身《けしん》＊なりと感得した、という伝記などでもよく窺《うかが》えます。

では、『歎異抄《たんにしょう》』に「親鸞《しんらん》には、弟子など一人もいない」と、なぜおっしゃっているのかということになりますが、これは、歴史的事実をおっしゃったものではないのです。

＊化身　姿を変えたもの。

親鸞聖人《しんらんしょうにん》は、これらの人たちを自分の弟子だとは、決して思ってはいられなかったということです。

表面上、これらの人たちは、親鸞《しんらん》から教えを聞いて、後生《ごしょう》の一大事《いちだいじ》を知り聞法しているように見えるが、本当はそうではないのだ。

全く弥陀《みだ》の独り働きなのである。親鸞《しんらん》の力でも計らいでもない。すべて阿弥《あみ》陀仏《だぶつ》のお計らいなのだ。親鸞《しんらん》の力や計らいで、弥陀《みだ》の本願《ほんがん》を信じ念仏《ねんぶつ》するようになった人たちならば、親鸞《しんらん》の弟子ともいえよう。

けれども、丸々阿弥陀仏《あみだぶつ》のお力によって救われた人たちであるから、私の弟子などというものではないのである。

ともに、弥陀《みだ》の願力《がんりき》によって救われる御同朋《おんどうぼう》、御同行《おんどうぎょう》である。決して、師弟の間柄《あいだがら》ではないのであるという、聖人《しょうにん》の絶対他力《ぜったいたりき》の信心を告白されたのが、「親鸞《しんらん》は弟子《でし》一人《いちにん》ももたず候《そうろう》」のお言葉と拝します。

21

親鸞聖人はなぜ、非僧非俗と言われたのか

問

親鸞聖人《しんらんしょうにん》は、自らを非僧非俗《ひそうひぞく》とおっしゃったとお聞きしましたが、どんなことでしょうか。なぜ、そうおっしゃったのでしょうか。

答

非僧非俗《ひそうひぞく》とは、「僧《そう》にあらず、俗《ぞく》にあらず」ということです。

今日《こんにち》、親鸞聖人《しんらんしょうにん》を坊主《ぼうず》（僧《そう》）だと思っている人がほとんどですが、それはとんでもない間違《まちが》いです。なぜなら、聖人《しょうにん》は主著『教行信証《きょうぎょうしんしょう》』に、自らを非僧非《ひそうひ》俗《ぞく》（僧《そう》に非《あら》ず俗《ぞく》に非《あら》ず）とおっしゃって、「私は坊主《ぼうず》ではない」と記されてい

るからです。

今から三百年ほど前、臨済宗《りんざいしゅう》の師蛮《しばん》という人の書いた『本朝高僧伝《ほんちょうこうそうでん》』には、日本に仏教が伝来してからの、有名無名の日本の僧侶《そうりょ》、千六百数十人の名をあげ、それらの伝記を載《の》せていますが、親鸞聖人《しんらんしょうにん》のお名前が載《の》っていません。

ある軽薄《けいはく》な歴史学者は、このことから、聖人《しょうにん》を架空《かくう》の人物ではないかと宣伝したことさえありました。もちろんそれは、極めて非実証的な暴論であったことは、その後の聖人《しょうにん》の筆蹟研究《ひっせきけんきゅう》や、新史料の発見などによって、いかんなく証明されて、今では全く問題にもなりません。

では、どうして師蛮《しばん》は、親鸞聖人《しんらんしょうにん》のお名前を抜《ぬ》いたのでしょうか。彼は、聖《しょう》人《にん》のご高名を知らないほど、無学者であったのでしょうか。

否、彼の七十五巻もの大著を見れば、とてもそんなことは考えられません。その著書に記載《きさい》している、幾多《いくた》の無名の僧侶《そうりょ》のあることを知ればなおさらです。

彼が、親鸞聖人《しんらんしょうにん》のお名前を抜《ぬ》いたのは、聖人《しょうにん》に対する無知どころか、聖人《しょうにん》自ら、僧《そう》に非《あら》ずと宣言なされていたことを熟知していたからでしょう。

他宗の者でさえ、このように、親鸞聖人《しんらんしょうにん》は僧《そう》でないことを知っているのに、今日《こんにち》、真宗の人たちが、聖人《しょうにん》を坊主《ぼうず》だと思っているのは、祖師に対して、いかに無知、無理解であるかの一端《いったん》が知られましょう。

親鸞聖人《しんらんしょうにん》は常に、「私は、賀古《かこ》の教信沙弥《きょうしんしゃみ》のごとくになりたい」とおっしゃっていた方です。

教信沙弥《きょうしんしゃみ》という人は、もと奈良の興福寺《こうふくじ》にいた学徳兼備《がくとくけんび》の学僧《がくそう》でしたが、ある時、奈良の町に好きな女ができたので、寺を捨て、坊主《ぼうず》をやめて、播州《ばんしゅう》の加古川の岸で、女と一緒《いっしょ》に渡《わた》し守《もり》をして一生暮らした人です。

ずいぶん戒律《かいりつ》のやかましい時代に、学もあり徳もあり、真面目《まじめ》な心を持っていた人が、自分をごまかさずに生《い》き抜《ぬ》いたところに、聖人《しょうにん》は、深い同情と親しみを感じられたのでしょう。

全生命を、真実の開顕《かいけん》のみに生涯《しょうがい》を托《たく》された聖人《しょうにん》の歩みには、僧籍《そうせき》もなし、寺院にも住まわれず、葬式《そうしき》、法事、墓番など、おおよそ、僧《そう》らしきことは何ひとつなされなかったので、僧《そう》に非《あら》ずと言われたのです。

「更《さら》に親鸞《しんらん》珍《めず》らしき法《ほう》をも弘《ひろ》めず、如来《にょらい》の教法《きょうぼう》を、われも信《しん》じ人《ひと》にも教《おし》え聞《き》かしむるばかりなり」

聖人《しょうにん》の日々は、ただ、弥陀《みだ》の本願《ほんがん》を正確に迅速《じんそく》に、一人でも多くにお届けする、献身的布教《けんしんてきふきょう》と著作活動のみに費やされ、世俗《せぞく》の職業につく暇《ひま》がなかったので、俗《ぞく》にも非《あら》ずと言われたのでありましょう。

まさに、非僧非俗《ひそうひぞく》で一生貫《つらぬ》かれたのが親鸞聖人《しんらんしょうにん》でありました。

第二部
大海原に
夢のような大船

22

仏教とは、一言でどんな教えか

問

仏教とは、一言でいうと、どんな教えでしょうか。

答

昔、中国に、いつも樹《き》の上で坐禅瞑想《ざぜんめいそう》していた鳥窠《ちょうか》という僧侶《そうりょ》がいました。

ある日、儒教《じゅきょう》で有名な白楽天《はくらくてん》が、その樹《き》の下を通って、瞑想《めいそう》している樹上の僧侶《そうりょ》を冷やかしてやろうと思ったのです。

「そこの坊《ぼう》さんよ。そんな高い木の上で目をつむっていては、危ないではないか」

　鳥窠《ちょうか》は、すかさず、

「そういう貴殿《きでん》こそ、危ないぞ」

と切り返しました。

　この坊主《ぼうず》、相当の奴《やつ》かもしれぬと見てとった白楽天《はくらくてん》は、

「私は、名もなき白楽天《はくらくてん》という儒者《じゅしゃ》だが、貴僧《きそう》のご芳名《ほうめい》を承りたい」

と聞くと、

「私は、名もなき鳥窠《ちょうか》という坊主《ぼうず》だ」

　鳥窠《ちょうか》と聞いて、白楽天《はくらくてん》は驚《おどろ》いた。これがいま高名な、鳥窠禅師《ちょうかぜんじ》かと知った白《はく》楽天《らくてん》は、かねてから仏教に関心を持っていたので、こう言って頭を下げた。

「いい所で、貴僧《きそう》に会った。一体、仏教とはどんな教えか、一言でご教授願いたい」

　即座《そくざ》に、鳥窠禅師《ちょうかぜんじ》は答えています。

「もろもろの悪を為《な》すことなかれ、つつしんで善を修めよ、と教えるのが仏教

である」

それを聞いた白楽天《はくらくてん》、いささか呆《あき》れ顔《がお》して、

「そんなことなら、三歳の子供でも知っていることではないか」

と冷笑すると、鳥窠禅師《ちょうかぜんじ》、

「三歳の童子も、これを知るが、八十の翁《おきな》も、これを行うは難し」

と大喝《だいかつ》しています。

知っていても実行しなければ、知らないのと同じだからです。

仏教を一貫《いっかん》する教えは、因果の道理です。

善因善果《ぜんいんぜんか》、悪因悪果《あくいんあっか》、自因自果《じいんじか》は、三世十方《さんぜじっぽう》を貫《つらぬ》く真理です。この真理に立てば「悪いことをやめて、善をせよ」の廃悪修善《はいあくしゅぜん》になるのは当然でしょう。

「あなたに現れる、不幸や災難は、あなたの蒔《ま》いた、悪い因《たね》が生み出したものなのですよ（悪因悪果《あくいんあっか》・自因自果《じいんじか》）。不幸になりたくなければ、悪い行いを慎《つつし》みなさい」の「廃悪《はいあく》」の教えになります。

「あなたの幸福は、あなたの蒔《ま》いた善い因《たね》が生み出すものなのだから（善因善《ぜんいんぜん》果《か》、自因自果《じいんじか》）、幸せになりたければ、善い行いをしなさいよ」の「修善」の勧《すす》めになるのです。

誰《だれ》もが、不幸を厭《いと》い幸福を求めて生きているのですから、仏教は、すべての人に「廃悪修善《はいあくしゅぜん》」を勧《すす》められているのです。

では、どんなことが善で、どんな行為《こうい》が悪なのか、十善・十悪*など、詳《くわ》しく仏教で教えられています。

まず、教えをよく聞かなければなりません。

＊十悪　仏教で、人間の悪を10にまとめて教えられたもの。貪欲・瞋恚・愚痴・綺語・両舌・悪口・妄語・殺生・偸盗・邪淫。
※この反対を十善という。

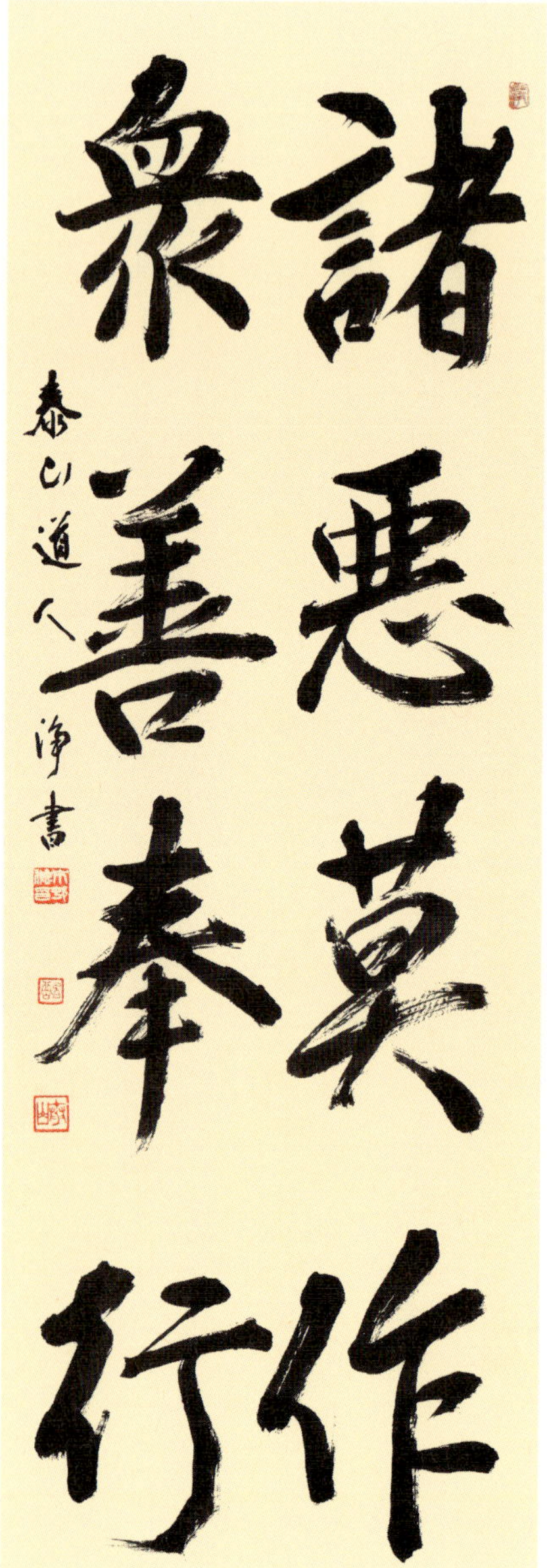

170×60cm

23

欲しい物が手に入れば本望

問

人間は欲しい物を手に入れて、やりたいことを思う存分やって死ねれば本望ではないでしょうか。

答

「人生、ちょっとカッコつけると楽しいよ」。なんのことかと思ったら自動車メーカーのCMです。「二十四時間戦えますか」が、強壮剤《きょうそうざい》。「スプーン一杯《いっぱい》で驚《おどろ》きの白さに」が、洗剤《せんざい》。「なめたらあかん〜なめたらあかん〜人生なめずに、これなめて〜」が、のど飴《あめ》の宣伝です。

あれも欲しい、これも欲しいと、つねに消費欲をかき立てられます。これでも買わぬか、これでもかと訴《うった》える、商魂《しょうこん》のたくましさにウッツを抜《ぬ》かしていると、ますますお金が欲しくなります。

金のほかに、人間の幸福がないように思うのも無理はありません。そこで金、金、金と、日夜アクセク働くのでしょう。

確かに、生活に大切なことに違《ちが》いありませんが、これらの物が十分に調い、経済的な安定が得られさえしたら、人間は本当に満足し幸福になれるのでしょうか。

あなたの言われるように思う存分、なんでも手に入れれば、悔《く》いのない人生を送れるのでしょうか。

功《こう》成り名遂《と》げた太閤秀吉《たいこうひでよし》は、大坂城内に黄金の茶室を造り、天下の名器、珍《ちん》宝《ぼう》を集め、美女をはべらせ威勢《いせい》を張っていましたが、聚楽第《じゅらくだい》の湯殿《ゆどの》や便所にまで、隠《かく》し堀《ぼり》を引いて舟《ふね》を浮《う》かべ、いつ襲《おそ》われても脱出《だっしゅつ》できるようにしていたといいます。

少年時代の秀吉《ひでよし》は、裸《はだか》でどこにでも寝《ね》ころんで平気でしたが、権力を握《にぎ》り天下を取ると、得意の絶頂でありながら内心は戦々恐々《せんせんきょうきょう》としていたのです。

「露《つゆ》とおち　露《つゆ》と消えにし　我が身かな　難波《なにわ》のことも　夢のまた夢」

彼の辞世は、人間の生きる目的はほかにある明証でしょう。

金持ちである、財産がある、地位がある、健康だ、名声が高い、豪壮《ごうそう》な邸宅《ていたく》に住んでいるという事実は、絶えず変化します。大きく変化するか、少しずつ変わるかの違《ちが》いだけで、この世に変化しないものは何一つありません。すべてが、次の瞬間《しゅんかん》には崩壊《ほうかい》につながっているのです。

このような、虚構《きょこう》の上にアグラをかき、そこに安住を求め幸福を築こうとしても、所詮《しょせん》、浦島太郎《うらしまたろう》の龍宮城《りゅうぐうじょう》の幸福でしかありません。

乙姫《おとひめ》さまの寵愛《ちょうあい》を受け、百味《ひゃくみ》のご馳走《ちそう》に満腹し、舞妓《まいこ》の饗宴《きょうえん》に日夜、歓楽《かんらく》を尽《つ》くしましたが、やがて玉手箱を開くと、そこにあったものは、漠々《ばくばく》たる荒野《こうや》の中に、ただ独り方角も分からず、泣《な》き崩《くず》れるよりない浦島太郎《うらしまたろう》でした。すべての人類に、玉手箱は今すでに開いています。

人間《にんげん》はただ電光《でんこう》・朝露《ちょうろ》の夢《ゆめ》・幻《まぼろし》の間《あいだ》の楽《たの》しみぞかし。たといまた栄華《えいが》・栄耀《えいよう》に耽《ふけ》りて思《おも》うさまの事《こと》なりというとも、それはただ五十年乃至百《ごじゅうねんないしひゃく》年《ねん》のうちの事《こと》なり。もし只今《ただいま》も無常《むじょう》の風《かぜ》きたりて誘《さそ》いなば、いかなる病苦《びょうく》にあいてか空《むな》しくなりなんや。まことに死《し》せんときは、予《かね》てたのみおきつる妻子《さいし》も財宝《ざいほう》も、わが身《み》には一《ひと》つも相添《あいそ》うことあるべからず。されば死出《しで》の山路《やまじ》のすえ、三塗《さんず》の大河《だいが》をば、唯一人《ただひとり》こそ行《ゆ》きなんずれ（蓮如上人《れんにょしょうにん》）

人生は、ただ一瞬《いっしゅん》の稲光《いなびか》り、朝露《あさつゆ》のようにはかないものである。楽しみといっても夢幻《ゆめまぼろし》でしかない。

たとえ栄華栄耀《えいがえいよう》を極めて思い通りになっても、せいぜい五十年か百年のことにすぎないではないか。
もし今、無常の風に誘《さそ》われたならば、ひとたまりもないのである。いよいよこの世の別れとなれば、かねてから、頼《たよ》りにしていた妻子も財宝も、何ひとつあて力になるものはない。みんな剝《は》ぎ取《と》られて、独りでこの世を去らねばならぬのである。

人は、百味《ひゃくみ》のご馳走《ちそう》、金や財、名誉《めいよ》、地位、享楽《きょうらく》などの夢を追い、夢に酔《よ》うことを幸福と信じ、必ず、開かなければならない玉手箱を知りません。活眼を開いて人生を達観しようではありませんか。

24

科学の進歩＝人類の幸福か

問

科学の進歩は、イコール人類の幸福といえるのではないでしょうか。仏教から見た科学はどういうものでしょうか。

答

生活のあらゆる面で科学の恩恵《おんけい》にあずかっている現今では、あなたと同意見の人が多いに違《ちが》いありません。

仏法でもそれらの一面を否定するものではありませんが、科学はあくまでも幸福になる一つの手段であり道具であります。その道具を使うのは人間です。

私たちがそれを、どう使うかによって科学は鬼《おに》にも仏にもなると教えるのが仏教です。

十九世紀までの科学は人類を幸福にしましたが、ダイナマイトが発明された頃《ころ》から、科学の進歩は血なまぐさい兵器開発に利用されるようになりました。第一次世界大戦から二次世界大戦を迎《むか》えて、人類の大量虐殺《たいりょうぎゃくさつ》は急に加速度を増しました。そして遂《つい》に原子爆弾《げんしばくだん》という化け物まで生み出したのです。

それは一九三八年、ドイツの物理学者がウランの核分裂《かくぶんれつ》を発見したのが始まりでした。科学者は、ナチスドイツが、この原理を悪用して核兵器《かくへいき》を製造するのではなかろうかと恐《おそ》れました。

その懸念《けねん》をアインシュタインが、アメリカ大統領に伝えたことから、原爆開《げんばくかい》発《はっ》が急ピッチで進められ、敗戦迫《せま》る日本の広島、長崎に投下されたのです。

戦後わずか四年で、旧ソ連も原爆《げんばく》を保有し米ソ二大国の、核開発《かくかいはつ》の競争が始まりました。両国は原爆《げんばく》に続きその数百倍の破壊力《はかいりょく》のある水爆《すいばく》も開発し、一時は世界に、七万発の核爆弾《かくばくだん》が存在しました。

削減《さくげん》が進められている今日《こんにち》でも、人類を何回も絶滅《ぜつめつ》させる核兵器《かくへいき》があるといわれます。核戦争《かくせんそう》に加え、核兵器《かくへいき》のテロジャックのシナリオに、人類は戦々恐々《せんせんきょうきょう》としています。

もうこれは、兵器などというものではなく人類絶滅器《じんるいぜつめつき》、地球破壊器《ちきゅうはかいき》というべきでしょう。

第二次大戦では、世界で五千万人近くの青年が雑魚《ざこ》のように殺されました。もし、今度三次大戦が起きれば、数時間のうちに地球は火の玉に燃え上がることでしょう。

科学は、果たして鬼《おに》なのか仏なのでしょうか。いや科学は、必ずしも鬼《おに》ではありませんが、科学を利用する人間の心に鬼《おに》が棲《す》むのです。

貪欲《とんよく》と瞋恚《しんい》と愚痴《ぐち》がそれです。

釈尊《しゃくそん》*はこれを青鬼《あおおに》・赤鬼《あかおに》・黒鬼《くろおに》と教えられました。この鬼《おに》の前には、人間の尊厳も自由も生命の歓喜《かんぎ》も許されません。学問も教養も修養、倫理《りんり》、道徳も糞《くそ》

＊釈尊　約2600年前、インドに生まれ、仏教を説かれた方。釈迦とも、世尊・ブッダともいわれる。

くらえとなってしまいます。鬼ヶ島《おにがしま》の鬼《おに》を退治したのは、桃太郎《ももたろう》でしたが、私たちの心の鬼《おに》を更生《こうせい》させるのは、真実の仏法しかありません。

古今東西の人類を、真の幸福に救う真実の仏法を伝える手段に活用されてこそ、科学は真の存在意義を持ち、使命を果たすことができるでしょう。

科学をそのために活《い》かすのが、真の仏法者でなければなりません。

25

欲に気をつけよ

問

欲望のとりことなり、人生を棒に振《ふ》る例に事欠きません。人生の目的を達成せんとする私たちの気をつけなければならない欲について教えてください。

答

ボルネオ島の人たちが、オランウータンを捕《と》らえるのに面白い方法があります。

アラックという強烈《きょうれつ》な酒を彼らは愛飲しますが、その酒を数滴《すうてき》落とした水ガメをオランウータンのいる木の下に置きます。

するとオランウータンは、その香《かお》りに誘《さそ》われて木を下り、やがて、それを飲み出すのです。

翌日から彼らは、酒の分量を少しずつ増してゆきます。オランウータンは、生まれつき大酒飲みではありませんが、毎日、少しずつ酒を濃《こ》くしてやると、知らず知らずのうちに酒の味を覚えて酒豪《しゅごう》に変身していくのです。

最後には、生のアラック酒を置いても、ガブガブ一気に飲み干してしまうようになります。しかしその時は、さすがにオランウータンはポーッといい気分になって、人間同様、酔《よ》っぱらいになり、あたりかまわず石を投げたり木を折ったり、さんざん暴れ回ります。果ては高鼾《たかいびき》で寝《ね》てしまうのです。そこを彼らは、まんまと捕《と》らえるというのです。

ハエとり紙に、たくさんのハエが餌《えさ》を求めてきては付着します。驚《おどろ》いて逃《に》げようとしますが、後のまつりです。羽をブンブンいわせているものもあれば、足を引きずって何とか逃《のが》れようと必死のものもいます。ジタバタもがけばもがくだけ、ますます付着してどうにもならなくなるのです。眼前にそんな同僚《どうりょう》を見ながらも、どんどん来て付着します。

昔、ある国王が農民に、「太陽が出ている間に走り回った土地を、その者に与《あた》える」というフレを出しました。

一人の農民が、早速志願した。彼は太陽が地平線に顔を出したのを合図に、出発点の丘《おか》を勇躍《ゆうやく》して飛び出します。

太陽が沈《しず》むまでに、出発点へ帰らなければ一日の努力は水泡《すいほう》になるというのが、国王の指示でした。

農夫は、一歩でも遠くまで足を延ばして、少しでも広い土地を得ようと死《し》にもの狂《ぐる》いで走りました。その功あって、ようやく広大な土地が手に入る出発点に到着《とうちゃく》すると、同時にバッタリ倒《たお》れた彼は、ついに不帰の人となってしまったのです。

国王は家来たちに命じて、その農夫を穴を掘《ほ》って埋《う》めさせ、こうつぶやいたといいます。

「この者には、あんな広大な土地はいらなかったのだ。自分の体を埋《う》める土地さえあればよかったのに」

万物の霊長《れいちょう》を誇示《こじ》する人間も、オランウータンもハエも笑うことはできません。五欲という迷酒に酔《よ》っぱらって、その自覚もないほど危ないものはありません。愛欲を求めては付着し、財産を追っては苦しみ、名誉《めいよ》や地位を求めては悩《なや》み、無限の欲を満たそうと悶《もだ》え苦しんでいます。

そしてやがて、抜《ぬ》き差《さ》しならぬ苦患《くげん》の境界《きょうがい》に入るのです。金でも、物でも、名誉《めいよ》でも、私たちの欲望は、渇愛《かつあい》の法則で、満たせば満たすほど倍加されてゆきます。

そのために、最も大事な人生の目的を見失い、五欲のとりこになって命を奪《うば》われていくのです。

果たして、人間は順境が幸福なのか、逆境が幸福なのか分かりません。順境に甘《あま》えて真実の仏法を求めなければ、そのまま奈落《ならく》だし、逆境に発奮して、人生の一大事に驚《おどろ》き、弥陀《みだ》の救いに値《あ》えば、人生の勝利者になるからです。

老・少・善・悪・貧・富を問わず、真実の仏法を聞信《もんしん》＊して、魂《たましい》の解決をするか否かで、未来永劫《みらいようごう》の運命は決定することを銘記《めいき》しなければなりません。

＊聞信　「まことだった」と聞いて知らされること。

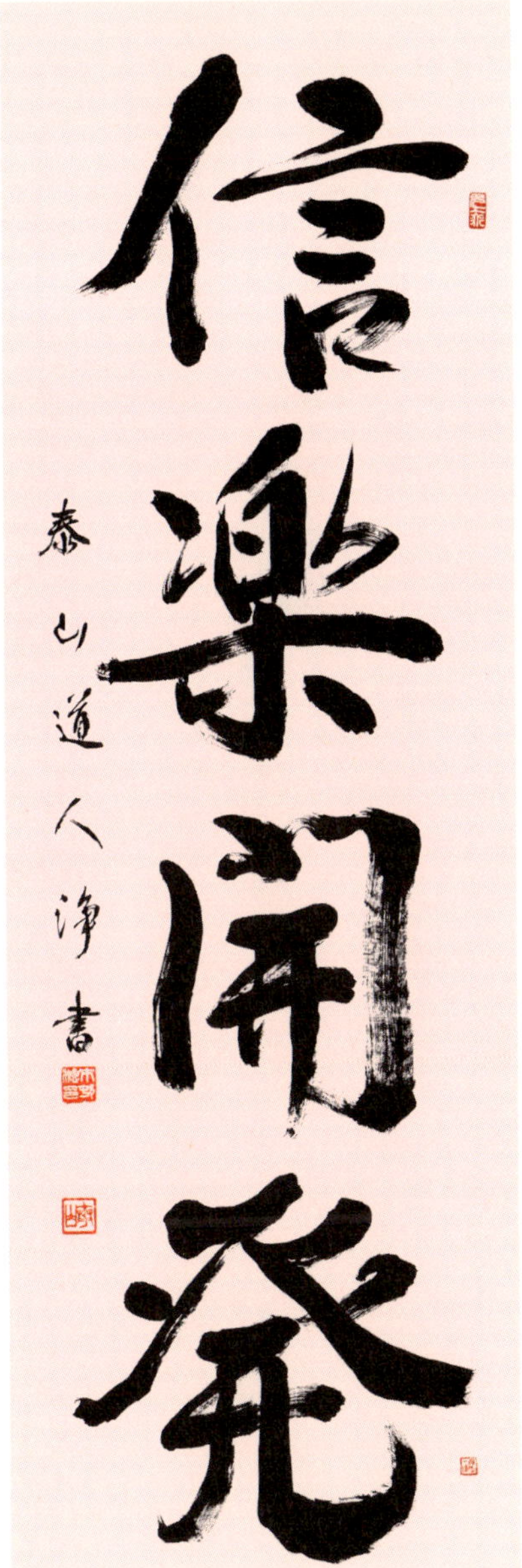

180×60cm

26

仏教はアキラメ主義ではないのか

問

私の両親はよく寺参りしますが、私たちによくアキラメが大事だと言います。何もかもアキラメていくところには、進歩も向上もありません。仏教がアキラメの宗教なら聞く気にはなれません。

答

アキラメルという言葉は、確かに仏教から出た言葉ですが、仏教でいう意味と今日《こんにち》使われている意味とは、全く違《ちが》っていることを、まず知って頂きたいと思います。

仏教では、これを諦観《たいかん》といわれています。

諦観《たいかん》とは、諦《たい》は、インドの原語「サットヤ」で真理、明理ということです。観は、ミルということですから、諦観《たいかん》というのは「アキラカニ、真理ヲミル」ということなのです。

この「アキラカニミル」の仏語《ぶつご》が、次第に変化して「アキラメル」になってしまったのです。ところが、言葉がこのように変わっただけならよかったのですが、その意味までが変わってしまったのです。

世間では、アキラメルといえば、なにか、いい加減に断念したり、ごまかしてゆくことのように思われています。

財布を落として困っている人に「いい加減にアキラメロよ」などと言いますのも、「いい加減に、忘れてしまえ」という意味に使われています。

これではあなたの言われるように、アキラメ主義となり、進歩も発展も努力も失わせる考え方になってしまいます。

行灯《あんどん》でアキラメておれば、今日《こんにち》の電気や蛍光灯《けいこうとう》は発明されなかったでしょうし、ラジオでアキラメておれば、テレビは造られなかったでしょう。

現在の自己でアキラメてしまえば、その人の進歩向上はなくなるでしょう。確かに、このようなアキラメは私たちの向上心を殺《そ》ぐものといえるかもしれません。

しかし、仏教で教えるアキラカニミルの諦観《たいかん》は全く異なります。大宇宙の真理である因果の道理を、アキラカニミヨと教えているのですから、無限の進歩向上・発展努力を促《うなが》すものです。

一切の学問は、因果の道理をアキラカニミテ今日《こんにち》、進歩発展してきたものです。先の例えで言いますと、財布を落とした原因は何かということをよくよくアキラカニミテ、原因がハッキリしたら二度とそのような原因で、そんな結果を招かないように努力することになりますから、無限に進歩向上するのです。

仏教は大変誤解されていますが、アキラメルも、その中の一つです。仏教は、決して無気力なアキラメ主義ではなく、反対に、とても意欲的な向上努力主義であることを知ってください。

27

やさしくお経を書き改められないものか

問

現代人が仏教に近寄り難いのは、余りにも経典が難しいからだと思いますが、せめてキリスト教の聖書のような文体に、書き改めることができないものでしょうか。

答

あなたのような要望は、至る所で聞かされることですが、なかなか、大変な難事業なのです。この場合、よくキリスト教の聖書と比較《ひかく》されるのですが、それは大変、無理な考えだと思います。

仏教とキリスト教の成立の因縁《いんねん》が、余りにも異なっているからです。

キリスト教の教祖であるイエスは、三十代前半の若さで、十字架上《じゅうじかじょう》で殺された青年でありました。その弟子たちも、主に漁師や農民の子たちでした。

だからバイブル（聖書）は、一口でいえば、一青年が一般《いっぱん》の人たちを相手にした説教を骨子としてできているものです。

それに対して仏教の経典は、ご承知のように八十歳の天寿《てんじゅ》を全《まっと》うした、釈迦《しゃか》牟尼世尊《むにせそん》という最高の知識人が、当時の知識階級の人たちを相手に説法《せっぽう》されたものを結集《けつじゅう》*したものですから、キリスト教が分かりやすく、仏教が難解なのは当然かもしれません。

それだけ仏教は深遠で、一つの仏語《ぶつご》の持つ意味を、現代語で表そうとするには、大変な手間がかかるのです。

しかも、膨大《ぼうだい》な数の経典があるのですから、分かりやすくすると、何十倍、何百倍になるか分かりません。

＊結集　釈迦の説法を、弟子たちが記録したこと。

たとえ、そのような膨大《ぼうだい》なものになっても、正しく経典の真意を表せればよろしいのですが、どうしても、現代語では表せない、仏教独特の意味を含《ふく》んだ言葉がありまして、バイブル流に書き改めることは、不可能に近い事業なのです。

もちろん、このような難事を克服《こくふく》して、誤りなく仏意を伝えることができるものができれば、大変、結構だとは思いますが、特に注意しなければならないことは、帽子《ぼうし》が頭にあわないからといって、頭を削《けず》るようなことが決してあってはならないということです。

28

釈尊が仏教を説かれた目的は何か

問

釈尊《しゃくそん》が仏教を説かれた目的は、何であったのでしょうか。

答

世界文化史の大家、H・G・ウェルズは、世界の偉人《いじん》のトップに釈尊《しゃくそん》をあげ、

「私は公平にどの点からみても、世界で最大の偉人《いじん》は仏陀釈迦牟尼仏《ぶっだしゃかむにぶつ》である」

と言っています。

ドイツのハイラー教授も、

「仏陀釈迦《ぶっだしゃか》は、世界の最も偉大《いだい》な宗教家であり、世界の光である」

と絶讃《ぜっさん》しています。

世界の三大聖人《さんだいせいじん》、二大聖人《にだいせいじん》といわれても、トップに挙げられるお釈迦《しゃか》さまは、インドのカピラ城主、浄飯王《じょうぼんおう》の長男として生まれ、仏覚を悟《さと》られるまでは、シッタルタ太子と呼ばれていました。

生まれながらにして、社会的には最高の地位、名誉《めいよ》、財産を持ち、その上、親の溺愛《できあい》を受け思うままの生活が約束されていた人でした。

十九歳で国内一の麗人《れいじん》といわれたヤショダラ姫《ひめ》と結婚《けっこん》し、翌年、男子ラーゴーラをもうけていられます。さらに、春夏秋冬の四季の御殿《ごてん》に住まわされ、五百の美女とたわむれる栄耀栄華《えいようえいが》の限りを尽《つ》くした方でした。

私たちが、その中の一つでも手に入ればと、日々、必死に求めているものすべてを釈尊《しゃくそん》は、すでに持っておられたのです。

その釈尊《しゃくそん》が、なお満足できない魂《たましい》の叫《さけ》びに驚《おどろ》き、二十九歳の二月八日、突如《とつじょ》、それら一切の名誉《めいよ》、地位、財産、妻子を捨てて城を出て、入山学道《にゅうせんがくどう》の人となられたのです。

「この世の一切のものは、常住しないのだ。いずれの日にか衰《おとろ》え、いずれの日にか亡《ほろ》ぶのだ。歓楽《かんらく》つきて哀情《あいじょう》多しといわれるではないか。快楽のカゲにも、無常の響《ひび》きがこもっている。美女の奏する弦歌《げんか》は、欲をもって人を惑《まど》わすのみだ。

人生は、苦悩《くのう》に満ちている。猛《たけ》き火のごとく、浮《う》かべる雲のごとく、幻《まぼろし》や水泡《すいほう》の如《ごと》きものではないか。若きを愛すれど、やがて、老と病と死のために壊《こわ》れ去《さ》るものばかりである」

人生の実相を洞察《どうさつ》なされた釈尊《しゃくそん》は、常住不変の絶対の幸福とはなにか。いずこに存在するのか。それこそが、万人の希求するものではないかと、勤苦《ごんく》六年、三十五歳の十二月八日、ついに大悟徹底《たいごてってい》、仏陀《ぶっだ》となられたのです。

かくして、八十歳、二月十五日、ご入滅《にゅうめつ》になるまで、布教活動をなされたのです。

この四十五年間の釈尊《しゃくそん》の教えの記録が一切経といわれるものです。

ゆえに一切経は、七千余巻という膨大《ぼうだい》な数にのぼっていますが、釈迦出世《しゃかしゅっせ》の本懐《ほんがい》は、唯《ただ》一つ、阿弥陀仏《あみだぶつ》の本願《ほんがん》であったのです。

その明証は種々ありますが、いよいよ弥陀《みだ》の本願《ほんがん》を説かんとなされた時、釈《しゃく》尊《そん》は「これより私の出世の本懐《ほんがい》を説き示そう」と厳粛《げんしゅく》に宣言なされ、弥陀三昧《みだざんまい》に入って五徳現瑞《ごとくげんずい》なされて弟子たちを驚嘆《きょうたん》させられています。

そして、最後には「特留此経《とくるしきょう》」とおっしゃって、「弥陀《みだ》の本願《ほんがん》を説く此《こ》の経（大無量寿経《だいむりょうじゅきょう》＊）は、一切の経典が滅《めっ》する時が来ても残り、すべての人が真実の幸福に救済されるであろう」と予言されています。

弥陀《みだ》の本願《ほんがん》を説き終わられた釈尊《しゃくそん》は、いかにも満足そうに、「これで如来《にょらい》として、なすべきことは、みなし終わった」と慶喜《きょうき》されています。ですから釈《しゃ》迦《か》一代の教えといっても、阿弥陀仏《あみだぶつ》の本願《ほんがん》に収まるのです。

＊大無量寿経　釈迦の説かれた七千余巻のお経の中で、唯一の真実の経。

私たちが釈尊《しゃくそん》の大恩に報いる道は、弥陀《みだ》の本願《ほんがん》を聞信《もんしん》＊し、絶対の幸福になることに極まるのです。

釈尊《しゃくそん》の一切経をホゴにするか、どうかは、私たちが弥陀《みだ》の救いに値《あ》うか、否かにかかっていることを忘れてはなりません。

＊聞信　「まことだった」と聞いて知らされること。

29

なぜ阿弥陀仏が最尊なのか（一）

問

阿弥陀仏《あみだぶつ》は、最尊の仏だからすべての仏や菩薩《ぼさつ》が、阿弥陀仏《あみだぶつ》を称讃《しょうさん》し礼拝するのだとお聞きしますが、その根拠《こんきょ》は、どこにあるのでしょうか。

答

この地球に現れた仏は、釈尊《しゃくそん》ただお一人であります。その釈尊《しゃくそん》が三十五歳で成仏してから、八十歳で亡くなられるまでの四十五年間の教えが仏教ですが、その目的は阿弥陀仏《あみだぶつ》の本願《ほんがん》一つでありました。

これを親鸞聖人《しんらんしょうにん》は『正信偈《しょうしんげ》』に、「釈尊《しゃくそん》が、この世に生まれられたのは、ただ弥陀《みだ》の本願《ほんがん》を説かんがためであった」と仰《おお》せになっています。

釈尊《しゃくそん》は、弥陀《みだ》の使いとしてこの世に現れ、弥陀《みだ》の本願《ほんがん》を説かれたのです。

親鸞聖人《しんらんしょうにん》の仰《おお》せの通り、釈尊《しゃくそん》は、七千余巻の一切経《いっさいきょう》に阿弥陀仏《あみだぶつ》ばかり褒《ほ》め称《たた》えていられます。

無量寿仏《むりょうじゅぶつ》の威神光明《いじんこうみょう》は最尊第一《さいそんだいいち》にして諸仏《しょぶつ》の光明《こうみょう》の及《およ》ぶこと能《あた》わざる所《ところ》なり

（大無量寿経《だいむりょうじゅきょう》）

阿弥陀仏《あみだぶつ》のお力は、大宇宙の仏の中で最高であり、諸仏の力のとても及《およ》ばぬ、ずば抜《ぬ》けたものである。

無量寿仏《むりょうじゅぶつ》の威神極《いじんきわ》まり無《な》し。十方世界《じっぽうせかい》の無量無辺不可思議《むりょうむへんふかしぎ》の諸仏如来《しょぶつにょらい》、彼《かれ》を称歎《しょうたん》せざるはなし

（大無量寿経《だいむりょうじゅきょう》）

大宇宙の無数の諸仏方で、阿弥陀仏《あみだぶつ》を絶讃《ぜっさん》しない仏はないのである。

とか、

諸仏《しょぶつ》の中《なか》の王《おう》なり、光明《こうみょう》の中《なか》の極尊《ごくそん》なり（**大阿弥陀経《だいあみだきょう》**）

阿弥陀仏《あみだぶつ》は、十方世界《じっぽうせかい》の諸仏の王である。そのお力は、群を抜《ぬ》いて勝《すぐ》れたものである。

では、なぜ阿弥陀仏《あみだぶつ》をこのように、一切の諸仏が称讃《しょうさん》し礼拝するのか。

その理由は『般舟経《はんじゅきょう》』に明らかにされています。

三世《さんぜ》の諸仏《しょぶつ》は、弥陀三昧《みだざんまい》を念《ねん》じて、等正覚《とうしょうがく》（仏）に成《な》る

すべての仏は、阿弥陀仏《あみだぶつ》のお力によって仏になったのである。

これは一切の諸仏は、最後は、阿弥陀仏《あみだぶつ》のお力によって仏になったということです。

ですから、あらゆる仏は阿弥陀仏《あみだぶつ》を本師本仏《ほんしほんぶつ》＊と崇《あが》めるのは当然なのです。三世十方《さんぜじっぽう》の諸仏＊でさえもそうなんですから、ましてや私たちは、弥陀《みだ》一仏を一向に信《しん》じ奉《たてまつ》るより、真の幸福になる道は毛頭ないことをよく知らなければなりません。

＊**本師本仏**　大宇宙の無数にましまう仏の師匠。
＊**三世十方の諸仏**　三世十方とは、大宇宙。その大宇宙にまします無数の仏のこと。

30

なぜ阿弥陀仏が最尊なのか（二）

問

阿弥陀仏《あみだぶつ》を本師本仏《ほんしほんぶつ》とか、本師法王《ほんしほうおう》といわれる理由は、なぜでしょうか。

答

阿弥陀仏《あみだぶつ》は光明無量《こうみょうむりょう》、寿命無量《じゅみょうむりょう》、智慧《ちえ》と慈悲《じひ》の仏であることは、多くの経典に明らかですが、中でも、阿弥陀仏《あみだぶつ》の勝《すぐ》れているのは、光明《こうみょう》であり智慧《ちえ》であることを親鸞聖人《しんらんしょうにん》は強調されています。

それは、すでに釈尊《しゃくそん》が『大無量寿経《だいむりょうじゅきょう》』＊に、

＊**大無量寿経**　釈迦の説かれた七千余巻のお経の中で、唯一の真実の経。

無量寿仏《むりょうじゅぶつ》の威神光明《いじんこうみょう》は最尊第一《さいそんだいいち》にして諸仏《しょぶつ》の光明《こうみょう》の及《およ》ぶこと能《あた》わざるところなり
（大無量寿経《だいむりょうじゅきょう》）

阿弥陀仏《あみだぶつ》の光明《こうみょう》は、大宇宙最高であり、十方《じっぽう》の諸仏の光明《こうみょう》の遠く及《およ》ばぬ勝《すぐ》れた光明《こうみょう》である。

と明示されているからです。
親鸞聖人《しんらんしょうにん》は「和讃《わさん》」に、

無明《むみょう》の闇《やみ》を破《は》するゆえ
智慧光仏《ちえこうぶつ》となづけたり
一切諸仏三乗衆《いっさいしょぶつさんじょうしゅ》
ともに嘆誉《たんにょ》したまえり
（浄土和讃《じょうどわさん》）

阿弥陀仏《あみだぶつ》の光明《こうみょう》（智慧《ちえ》）は無量で、十方《じっぽう》の諸仏が見捨てた私たちを救うお力（智慧《ちえ》）を持っていられるから、一切の諸仏や菩薩方《ぼさつがた》は阿弥陀仏《あみだぶつ》を智慧《ちえ》光仏《こうぶつ》といって、褒《ほ》め称《たた》えていられるのである。

と言われています。

光明《こうみょう》といいますと、太陽か電灯の光のように思う人があるかもしれませんが、仏教では仏の念力、仏力を光明《こうみょう》（智慧《ちえ》）といいます。私たちの目に見えない仏の大願業力《だいがんごうりき》、大念力をいうのです。

仏は、光明《こうみょう》と寿命《じゅみょう》、智慧《ちえ》と慈悲《じひ》の覚体*だといわれますのは、私たちを救わんとするお力を持っていられることをいうのですが、阿弥陀仏《あみだぶつ》が本師本仏《ほんしほんぶつ》*と崇《あが》められ、諸仏の王といわれますのは、弥陀《みだ》の光明《こうみょう》・智慧《ちえ》が、諸仏にズバ抜《ぬ》けているからです。

それは、極悪の私たちを救済することのできる仏は、阿弥陀仏《あみだぶつ》以外にはないことを暗示なされた、釈尊《しゃくそん》のご金言でもありましょう。

＊智慧と慈悲の覚体　智慧と慈悲の具わった、悟った方。
＊本師本仏　大宇宙の無数にまします仏の師匠。

果たして釈尊《しゃくそん》は、最後に「一向専念《いっこうせんねん》　無量寿仏《むりょうじゅぶつ》」と、その真意を説破なされています。

これは、あらゆる諸仏、菩薩《ぼさつ》、諸神を捨てて弥陀《みだ》一仏を信ずるよりほかに、私たちの助かる道は絶無なることを断言なされたものです。

この仏意を受けて親鸞聖人《しんらんしょうにん》は、

一向専念《いっこうせんねん》の義《ぎ》は、往生《おうじょう》の肝腑《かんぷ》、自宗《じしゅう》の骨目《こつもく》なり（御伝鈔《ごでんしょう》）

未来永劫《みらいようごう》、助かるか助からないかは、弥陀《みだ》を一向専念《いっこうせんねん》するか、否かで決まるのだ。ゆえに浄土真宗《じょうどしんしゅう》では、「一向専念《いっこうせんねん》　無量寿仏《むりょうじゅぶつ》」より大事な教えはないのである。

と明言されています。

蓮如上人《れんにょしょうにん》もまた、

「自余《じょ》の一切《いっさい》の諸神《しょじん》・諸仏等《しょぶつとう》にも心《こころ》をかけず、一心《いっしん》に専《もっぱ》ら弥陀《みだ》に帰命《きみょう》」

「更《さら》に余《よ》の方《かた》へ心《こころ》をふらず」

「その他《ほか》には何《いず》れの法《ほう》を信《しん》ずというとも、後生《ごしょう》の助《たす》かるという事《こと》、ゆめゆめあるべからず」

と教誡《きょうかい》されているのも深くうなずけると思います。

31

阿弥陀仏をタノムとは、どんなことか

問

『御文章《ごぶんしょう》』の至る所に蓮如上人《れんにょしょうにん》は、「弥陀《みだ》をタノメ」とか「弥陀《みだ》をタノム」と、おっしゃっていますが、やはり私たちは阿弥陀仏《あみだぶつ》に「助けてください」とお願いしなければならないのでしょうか。

答

大変に重要な、しかも誤解されている言葉です。真剣《しんけん》に聞法されている人なら必ずぶち当たる疑問でしょう。

『御文章《ごぶんしょう》』に多く出ている「弥陀《みだ》をタノメ」「弥陀《みだ》をタノム」「弥陀《みだ》をタノミ」

というお言葉を、ほとんどの人は、他人にお金を借りに行く時のように頭を下げて、「阿弥陀《あみだ》さま、どうか助けてください」と、お願いすることだと思っています。

特に「領解文《りょうげもん》」などに、「われらが今度《こんど》の一大事《いちだいじ》の後生御《ごしょうおん》たすけ候《そうら》えとたのみ申《もう》して候《そうろう》」とあるのを読めば、現代人なら、そのように理解し解釈《かいしゃく》するのも無理からぬことでしょう。

ですが、蓮如上人《れんにょしょうにん》の教えられる「弥陀《みだ》をタノメ」は、全く意味が異なりますから注意しなければなりません。

古来、「タノム」という言葉に、「お願いする」という祈願請求《きがんせいきゅう》の意味は、全くなかったのです。今日《こんにち》のような意味で、当時、この言葉を使っている書物は見当たりません。

それが「お願いする」という意味に使われるようになったのは、後世のことなのです。

「タノム」の本来の意味は、「あてにする、憑《たの》みにする、力にする」ということです。

一例を『御文章《ごぶんしょう》』の一節であげましょう。

まことに死《し》せんときは、予《かね》てたのみおきつる妻子《さいし》も財宝《ざいほう》も、わが身《み》には一《ひと》つも相添《あいそ》うことあるべからず。されば死出《しで》の山路《やまじ》のすえ、三塗《さんず》の大河《だいが》をば、唯一人《ただひとり》こそ行《ゆ》きなんずれ
（『御文章《ごぶんしょう》』一帖目十一通）

ここで「かねてから妻子や財宝を、あて力にしていた」ことを「かねて、たのみおきつる」と言われています。

蓮如上人《れんにょしょうにん》の「タノム」の意味は、あてにする、憑《たの》みにする、力にする、という意味なのです。

もし蓮如上人《れんにょしょうにん》が、「阿弥陀仏《あみだぶつ》にお願いせよ」とおっしゃったのなら、「弥陀《みだ》に

タノム」と書かれるはずです。

ところが、そのような『御文章《ごぶんしょう》』は一通もありません。常に「弥陀《みだ》をタノメ」とか「弥陀《みだ》をタノム」と、「弥陀《みだ》を」とおっしゃって、「弥陀《みだ》に」とは言われていません。

これらでも明らかなように、「弥陀《みだ》をタノメ」「弥陀《みだ》をタノム」は、祈願請求《きがんせいきゅう》の意味ではないのです。

ですから、浄土真宗《じょうどしんしゅう》では「タノム」ということを、漢字で表す時は「信」とか「帰」で表します。「信」は、釈尊《しゃくそん》の本願成就文《ほんがんじょうじゅもん》*の「信心歓喜《しんじんかんぎ》」を表します。「帰」は、天親菩薩《てんじんぼさつ》の『浄土論《じょうどろん》』の「一心帰命《いっしんきみょう》」を表したものです。

阿弥陀仏《あみだぶつ》に信順帰命《しんじゅんきみょう》したということは、弥陀《みだ》の本願《ほんがん》が「あてたより」になったことです。

ゆえに親鸞聖人《しんらんしょうにん》は、

＊本願成就文　釈迦が、阿弥陀仏の本願の真意を分かりやすく解説されたもの。

本願《ほんがん》他力《たりき》をたのみて自力《じりき》をはなれたる、これを「唯信《ゆいしん》」という
(唯信鈔文意《ゆいしんしょうもんい》)

本願《ほんがん》他力《たりき》があてたよりになって、自力《じりき》の心のなくなったのを、唯信《ゆいしん》という。

と仰《おお》せになっています。

蓮如上人《れんにょしょうにん》も、
「一切の自力《じりき》を捨てて、弥陀《みだ》をタノメ」とおっしゃっています。
弥陀《みだ》をタノメということは、自力《じりき》の計らいを捨てよということです。一切の計らいが自力無功《じりきむこう》と照破され、弥陀《みだ》の五劫思惟《ごこうしゆい》は私一人のためだったと明知したのを、弥陀《みだ》をタノムといわれているのです。

蓮如上人《れんにょしょうにん》の「自力《じりき》を捨てて、弥陀《みだ》タノム」は、曠劫流転《こうごうるてん》の迷いの打ち止めであり、他力永遠《たりきえいえん》の幸福に輝《かがや》くときです。他力《たりき》になるまで他力《たりき》を聞きましょう。

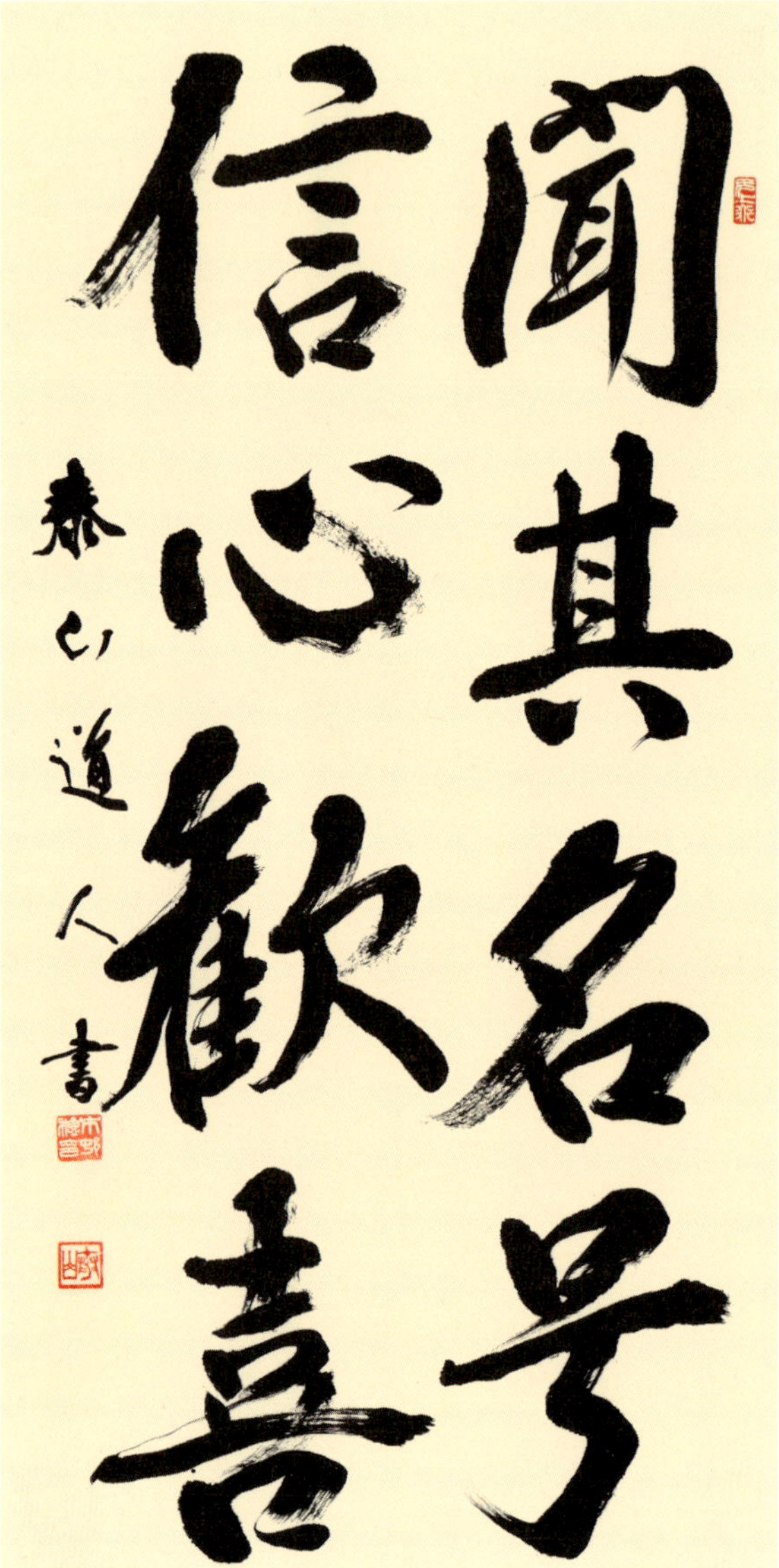

140×70cm

32

弥陀の救いとは、よく合点することか

問

仏教を聞いて、よく納得できたのが信心だと思っていますが、間違《まちが》っているでしょうか。

答

結論からいいますと、納得や合点と信心獲得《しんじんぎゃくとく》（弥陀《みだ》の救い）とは全く違《ちが》います。

理論と現実、演習と実戦の違《ちが》いのようなものです。

世間のことでも、理屈《りくつ》と実際はいかに違《ちが》うか例をあげてみましょう。

「大工四人で三カ月かかって建てる家を、大工六人で建てたならば、何カ月で建つか」と尋《たず》ねられれば、誰《だれ》でも二カ月で建つと答えましょう。

しかし、この理屈《りくつ》でゆきますと十二人の大工ならば一カ月で建つことになるし、三百六十人ならば一日。三千百十万四千人の大工ならば、一秒で建つことになります。そんな理屈通《りくつどお》りにはなりません。

着物を着れば温かいと分かっても、温かくなりませんし、電灯が灯《とも》れば明るくなると、いくら合点していても明るくはなりません。

ご飯を食べれば、満腹すると信じていても腹はふくれません。

温かくなるには、実際に着物を着なければなりませんし、実地に灯《ひ》を点じなければ明るくなりません。ご飯でできている部屋《へや》に入っていても、口から喉《のど》を通さなければ餓死《がし》します。火事の時、消防ポンプの講義をいくら聞いていても火は消えません。

世の中のことでさえ納得や合点だけでは、どうにもならないことがいろいろありましょう。

ましてや、無量永劫《むりょうようごう》の魂《たましい》の大問題です。

色もなければ形もない、無量無辺の阿弥陀仏《あみだぶつ》の大慈悲心《だいじひしん》を、色も形もない私たちの心に頂いたのを信心というのです。

「堕《お》ちる者をお助けの、阿弥陀《あみだ》さま」と合点して喜んでいても、堕《お》ちたこともなければ助かったこともありませんから本当の喜びはないのです。

信心獲得《しんじんぎゃくとく》するには、まず、正しい教えを納得できるまで聞くことが大切です。

親鸞聖人《しんらんしょうにん》の教えは、聞けばどんな人でも納得できる教えだからです。

しかし、合点や納得したのが信心とは違《ちが》うのです。それは教えを知って覚えただけです。

正しい教えを納得しなければなりませんが、合点や納得が往生《おうじょう》に間《ま》にあわなかったと粉砕《ふんさい》されて、不可称《ふかしょう》、不可説《ふかせつ》、不可思議《ふかしぎ》の弥陀《みだ》の救いに値《あ》わなければ、真実の信心ではないのです。

不思議不思議のほかはない、心も言葉も絶えた他力《たりき》になるまで他力《たりき》を聞きましょう。

33

弥陀の救いはハッキリするのか

問

信心獲得《しんじんぎゃくとく》するとハッキリすると言う人と、凡夫《ぼんぶ》にそんなことはないものだと言う人とがありますが、どちらが本当なのでしょうか。

答

ハッキリするのは当然なことですが、意外に多い質問です。

信心獲得《しんじんぎゃくとく》するとは、阿弥陀仏《あみだぶつ》の救いに値《あ》ったことをいうのです。弥陀《みだ》の願力《がんりき》によって往生一定《おうじょういちじょう》＊、現生不退《げんしょうふたい》、絶対の幸福に救われたことをいいます。

この世も苦しみの連続であり、未来も必堕無間《ひつだむけん》の一大事を抱《かか》え、十方《じっぽう》の諸仏にも見放され苦より苦に流転してゆく私たちを憐《あわ》れに思われて「我をたのめ、

＊往生一定　浄土へ往けることがハッキリすること。

必ず絶対の幸福に救う」と誓《ちか》っていられるのが阿弥陀仏《あみだぶつ》です。

もちろん、死後のことではありません。だから弥陀《みだ》の本願《ほんがん》を平生業成《へいぜいごうじょう》というのです。平生に苦悩渦巻《くのううずま》く人生を、光明輝《こうみょうかがや》く人生に救うというお約束です。

こんな素晴らしい本願《ほんがん》は世にありませんから親鸞聖人《しんらんしょうにん》は『正信偈《しょうしんげ》』に、

無上殊勝《むじょうしゅしょう》の願《がん》を建立《こんりゅう》し、希有《けう》の大弘誓《だいぐぜい》を超発《ちょうほつ》せり　（正信偈《しょうしんげ》）

阿弥陀仏《あみだぶつ》は、無上最高《むじょうさいこう》、希有《けう》の誓《ちか》いを建てられている。

とおっしゃっているのです。

その弥陀《みだ》のお約束通りに、往生一定《おうじょういちじょう》、現生不退《げんしょうふたい》、絶対の幸福に助かったことを信心獲得《しんじんぎゃくとく》とか、信心決定《しんじんけつじょう》というのです。

これは全く弥陀《みだ》のお力（他力《たりき》）によってであることがハッキリ知らされますから、明信仏智《みょうしんぶっち》＊といい他力《たりき》の信心というのです。

＊明信仏智　阿弥陀仏の本願（仏智）がハッキリ知らされること。

しかも、この弥陀《みだ》の救いは一念《いちねん》で完成するのです。それは、弥陀《みだ》が命一刹那《いっせつな》に迫《せま》っている人をも救うために、「ひとおもい」（一念《いちねん》）で救うという約束をなされているからです。

親鸞聖人《しんらんしょうにん》はこれを、「一念往生《いちねんおうじょう》」とか「一念《いちねん》の信心」とおっしゃっています。一念《いちねん》という時尅《じこく》の極促《ごくそく》で私たちの苦悩《くのう》を抜《ぬ》き、無上の幸福を与《あた》えてくださるのです。これを抜苦与楽《ばっくよらく》とも破闇満願《はあんまんがん》＊とも説かれています。

阿弥陀仏《あみだぶつ》の救いは、このようにハッキリしていますから、「これで、助かったのだろうか」とか「信心獲得《しんじんぎゃくとく》できたのだろうか」などと思案したり、他人に尋《たず》ねることではないのです。

親鸞聖人《しんらんしょうにん》の『教行信証』その他に書かれていることは、この弥陀《みだ》の不思議な救いの驚嘆《きょうたん》と、広大な慶心《きょうしん》ばかりです。

覚如上人《かくにょしょうにん》も「救われたことを喜んでいる」と『執持鈔《しゅうじしょう》』におっしゃっています。

＊**破闇満願**　苦悩の根元である無明の闇（疑情）が破れ、「絶対の幸福に救いたい」という弥陀の願いが我々の身に満たされること。

蓮如上人《れんにょしょうにん》も「他力《たりき》の信心を今獲《え》たり、弥陀《みだ》より賜《たまわ》った大信心ということ、今こそ明らかに知られたり」と『御文章《ごぶんしょう》』に記されています。

ハッキリしなければ、往生《おうじょう》の一大事《いちだいじ》、安心できません。

救われた喜びがなければ「真宗宗歌」も歌われません。「真宗宗歌」には、「永久《とわ》の闇《やみ》より救われし、身の幸《さち》なにに比ぶべき」とか、「深きみ法《のり》にあいまつる、身の幸《さち》なににたとうべき」と歌われているからです。

ただのただもいらん、ただだったとハッキリするまで聞《き》き抜《ぬ》きましょう。

34

信心獲得すると、どうハッキリするのか

問

信心獲得《しんじんぎゃくとく》すると、どのように変わるのか、どうハッキリするのでしょうか。

答

親鸞聖人《しんらんしょうにん》は、弥陀《みだ》から賜《たまわ》った信心を、不可称《ふかしょう》・不可説《ふかせつ》・不可思議《ふかしぎ》の信楽《しんぎょう》とおっしゃっています。その不可称不可説不可思議《ふかしょうふかせつふかしぎ》の信楽《しんぎょう》を獲《う》ると、どうなるかについて『正信偈《しょうしんげ》』には、こう教えていられます。

与韋提等獲三忍《よいだいとうぎゃくさんにん》（韋提《いだい》と等《ひと》しく三忍《さんにん》を獲《う》る）

（正信偈《しょうしんげ》）

韋提希夫人《いだいけぶにん》と同じように三忍《さんにん》を獲《う》る。

三忍《さんにん》とは、喜忍《きにん》、悟忍《ごにん》、信忍《しんにん》のことです。

忍《にん》とは、忍可決定《にんかけつじょう》ということで心のすわりをいいます。喜忍《きにん》は喜びの心、悟《ご》忍《にん》は悟《さと》りの心、信忍《しんにん》は信の心ということです。

喜忍《きにん》とは弥陀《みだ》に救われた喜びのことです。地獄一定《じごくいちじょう》の一大事が、浄土往生一《じょうどおうじょういち》定《じょう》＊と救われるのですから喜びがあるのは当然でしょう。

大海に溺《おぼ》れていた者が、大船に救助された喜びは格別でしょう。丸々生きたところで八十年か百年、やがて亡《ほろ》びる肉体が救われても喜びがあるのです。ましてや無量永劫《むりょうようごう》の流転の絆《きずな》を断ち切られて、不可称不可説不可思議《ふかしょうふかせつふかしぎ》の功徳《くどく》の大宝海《だいほうかい》を丸もらいした喜びを『教行信証《きょうぎょうしんしょう》』に、広大難思《こうだいなんし》の慶心《きょうしん》と親鸞聖人《しんらんしょうにん》はおっしゃっています。

それを蓮如上人《れんにょしょうにん》は『御文章《ごぶんしょう》』に、次のように教えられています。

＊**往生一定**　浄土へ往けることがハッキリすること。

「うれしさを昔《むかし》はそでにつつみけり、こよいは身《み》にも余《あま》りぬるかな」。「嬉《うれ》しさを昔《むかし》は袖《そで》に包《つつ》む」といえる意《こころ》は、昔《むかし》は雑行《ぞうぎょう》・正行《しょうぎょう》の分別《ふんべつ》もなく、「念仏《ねんぶつ》だにも申《もう》せば往生《おうじょう》する」とばかり思《おも》いつるこころなり。「今宵《こよい》は身《み》にも余《あま》る」といえるは、正雑《しょうぞう》の分別《ふんべつ》を聞《き》きわけ、一向一心《いっこういっしん》になりて信心決定《しんじんけつじょう》の上《うえ》に、仏恩報尽《ぶっとんほうじん》の為《ため》に念仏申《ねんぶつもう》すこころは、おおきに各別《かくべつ》なり。かるがゆえに、身《み》の置《お》きどころもなく、躍《おど》り上《あ》がるほどに思《おも》うあいだ、よろこびは身《み》にも嬉《うれ》しさが余《あま》りぬると言《い》えるこころなり

（『御文章《ごぶんしょう》』一帖目一通）

「嬉《うれ》しさを昔は袖《そで》に包む」とは、自力《じりき》と他力《たりき》の違《ちが》いも知らずに、「ただ念《ねん》仏《ぶつ》さえ称《とな》えておれば、浄土《じょうど》へ往《ゆ》ける」と思っていたことである。「今宵《こよい》は身にも余る」とは、弥陀《みだ》に救われて自力《じりき》と他力《たりき》の真仮《しんけ》を知らされて、仏恩《ぶっとん》報謝《ほうしゃ》＊の念仏《ねんぶつ》する身になった喜びは、躍《おど》り上《あ》がるほどだから身にも嬉《うれ》しさが余りぬるということである。

＊**仏恩報謝**　阿弥陀仏のご恩に報いること。

次に、悟忍《ごにん》について親鸞聖人《しんらんしょうにん》は、

ただこれ、不可思議《ふかしぎ》・不可称《ふかしょう》・不可説《ふかせつ》の信楽《しんぎょう》なり

（『教行信証《きょうぎょうしんしょう》』信巻《しんかん》）

弥陀《みだ》の救いは、ただ心も言葉も絶えた、不可称《ふかしょう》・不可説《ふかせつ》・不可思議《ふかしぎ》というよりほかにない。

と讃仰《さんごう》されています。

蓮如上人《れんにょしょうにん》は悟忍《ごにん》を、『正信偈大意《しょうしんげたいい》』に、

仏智《ぶっち》をさとるこころなり

（正信偈大意《しょうしんげたいい》）

不思議の仏智《ぶっち》を不思議と知らされた心をいう。

仏智《ぶっち》とは、阿弥陀仏《あみだぶつ》の智慧《ちえ》のことです。弥陀《みだ》の智慧《ちえ》は、不可称《ふかしょう》・不可説《ふかせつ》・不《ふ》可思議《かしぎ》ですから、世々生々《せせしょうじょう》の初ごとの＊驚天動地《きょうてんどうち》の驚《おどろ》きのことです。
次に信忍《しんにん》について親鸞聖人《しんらんしょうにん》は、こう教えられています。

「聞《もん》」と言《い》うは、衆生《しゅじょう》、仏願《ぶつがん》の生起《しょうき》・本末《ほんまつ》を聞《き》きて疑心有《ぎしんあ》ること無《な》し。
これを「聞《もん》」と曰《い》うなり
(『教行信証《きょうぎょうしんしょう》』信巻《しんかん》)

「聞」(信)とは、阿弥陀仏《あみだぶつ》の本願《ほんがん》は、どんな人のために建てられたのか、どのようにして建てられたのか、その結果はどうなったのか、これら一切に〝疑心有ること無し〟となったのを聞(信)というのである。

と阿弥陀仏《あみだぶつ》の本願《ほんがん》にツユチリの疑心のなくなった心であるとおっしゃっています。
本願《ほんがん》を疑っている心とは「助からないのではなかろうか」と後生《ごしょう》不安な心を

＊世々生々の初ごと　果てしない過去から、初めてのこと。

いいます。これを本願疑惑心《ほんがんぎわくしん》とか、疑情《ぎじょう》とか、不定《ふじょう》の心といわれます。

このような疑心がある間は信心獲得《しんじんぎゃくとく》していないのであると、蓮如上人《れんにょしょうにん》は「これ更《さら》に疑《うたが》う心露《こころつゆ》ほどもあるべからず」（御文章《ごぶんしょう》）と明らかにされています。そして、

命《いのち》のうちに不審《ふしん》もとくとく晴《は》れられ候《そうら》わでは、定《さだ》めて後悔《こうかい》のみにて候《そうら》わんずるぞ、御心得《おんこころえ》あるべく候《そうろう》（『御文章《ごぶんしょう》』一帖）

本願《ほんがん》に疑い晴れていなければ、必ず、後悔《こうかい》するであろう。

と教誡《きょうかい》されています。

この本願疑惑心《ほんがんぎわくしん》が晴れて往生一定《おうじょういちじょう》の大安心になったのを信忍《しんにん》というのです。

韋提希夫人《いだいけぶにん》と等しく、三忍《さんにん》の身になるまで聞法精進《もんぽうしょうじん》いたしましょう。

35

弥陀の救いの前後、どう変わるのか

問

阿弥陀仏《あみだぶつ》に救われない前と、救われた後とはどう変わるのでしょうか。親鸞聖人《しんらんしょうにん》のお言葉で明らかにしてください。

答

大切なことです。朝晩のお勤めに、親鸞聖人《しんらんしょうにん》が教えておられます『正信偈《しょうしんげ》』のご文でお示しいたしましょう。

「三不三信《さんぷさんしん》の誨《おしえ》」が、それであります。

ここには、弥陀《みだ》の救いの前後の違《ちが》いが明らかに教えられています。

弥陀《みだ》にまだ、救われていない時は、次のような三つの心（三不信《さんぷしん》）が動いていますよ。それが弥陀《みだ》に救われたら、このような三つの心（三信《さんしん》）になりますよと、弥陀《みだ》の救いの前・後の水際が明示されています。

救われていない時の三不信《さんぷしん》は、「高僧和讃《こうそうわさん》」にも説かれています。

一者信心《いっしゃしんじん》あつからず　若存若亡《にゃくぞんにゃくもう》するゆえに
二者信心一《にしゃしんじんいち》ならず　決定《けつじょう》なきゆえなれば
三者信心相続《さんじゃしんじんそうぞく》せず　余念間故《よねんけんご》とのべたまう
（高僧和讃《こうそうわさん》）

「一者信心《いっしゃしんじん》あつからず　若存若亡《にゃくぞんにゃくもう》するゆえに」

といいますのは、一つには、信心があつくないのですから薄《うす》いのです。薄《うす》いとは浅いということです。

浅いというのは、知った分かった覚えたという、合点だけの信心でありますから、他力《たりき》の深心《じんしん》まではほど遠いのです。

だから、ある時は助かるように思いますが、ある時は助からないように思うのです。ある時は安心したように思われますが、ある時は不安な心が出てくるのです。こんな心を若存若亡《にゃくぞんにゃくもう》というのです。

「二者信心一《にしゃしんじんいち》ならず　決定《けつじょう》なきゆえなれば」

といいますのは、二つには、無始より流転を続け、諸仏や菩薩《ぼさつ》が呆《あき》れて逃《に》げた私を救いたもうのは弥陀《みだ》一仏であったと、仏心と凡心《ぼんしん》が一つになって往生一定《おうじょういちじょう》*と決定していないから、「決定《けつじょう》なきゆえなれば」と教えられているのです。

「三者信心相続《さんじゃしんじんそうぞく》せず　余念間故《よねんけんご》とのべたまう」

とありますのは、説法《せっぽう》聞いている時は助かったような気になって喜んでいますが、家に帰ると不安な心が出てきて、こんなことではと自力《じりき》の善をあて力にし

*往生一定　浄土へ往けることがハッキリすること。

たり、ほかの仏や菩薩《ぼさつ》に心をかけるようになるのです。

これを余念間故《よねんけんご》とおっしゃっているのです。

このように、自力《じりき》の信心は「淳《あつ》からず」「一《いち》ならず」「相続《そうぞく》せず」という三つの欠点がありますから、「三不信《さんぷしん》」といわれているのです。


次に「三信《さんしん》」とは、他力《たりき》の信心のことです。

「三不信《さんぷしん》」と全く反対で、「淳心《じゅんしん》」「一心《いっしん》」「相続心《そうぞくしん》」の三つです。

「淳心《じゅんしん》」とは、弥陀《みだ》の救いにツユチリ程の疑いもなくなり、若存若亡《にゃくぞんにゃくもう》のなくなった心をいいます。

「一心《いっしん》」とは、私を助けてくださる仏は弥陀《みだ》一仏しかなかったと、心が一つになったことです。

「相続心《そうぞくしん》」とは、その信心が死ぬまで続くことです。

弥陀《みだ》に救われるまでの三不信《さんぷしん》が、救われて仏智満入《ぶっちまんにゅう》しますと三信《さんしん》になり、煩《ぼん》悩《のう》の動いているままが悉《ことごと》く光明《こうみょう》に照らされて、随犯随懺《ずいぼんずいさん》、随懺随犯《ずいさんずいぼん》＊わが身を見ればつねに懺悔《ざんげ》ですが、本願《ほんがん》を仰《あお》げばつねに歓喜《かんぎ》せずにおれない、私離《はな》れて弥陀《みだ》はなし、弥陀《みだ》を離《はな》れて私なし、堕《お》ちて満足、助かって不思議、恵《めぐ》まれすぎていることに感泣せずにおれなくなると教えられているのです。

＊随犯随懺、随懺随犯　犯す罪がそのまま懺悔となること。

36

信心獲得したら煩悩はどうなるのか

問

信ずる一念《いちねん》に過去、現在、未来の三世《さんぜ》の業障《ごうしょう》が一時に罪消えるといわれますが、信心獲得《しんじんぎゃくとく》したら煩悩《ぼんのう》や悪業《あくごう》は、どうなるのでしょうか。

答

蓮如上人《れんにょしょうにん》が『御文章《ごぶんしょう》』に、

三世《さんぜ》の業障一時《ごうしょういちじ》に罪消《つみき》えて　（御文章《ごぶんしょう》）

過去、現在、未来の三世《さんぜ》にわたって、私を苦しめてきた業障《ごうしょう》が一時に消滅《しょうめつ》する。

とおっしゃっています。

この一時に消える業障《ごうしょう》とは、欲や怒《いか》りや愚痴《ぐち》の煩悩《ぼんのう》や悪業《あくごう》のことではないのです。

一般《いっぱん》の仏教では、煩悩《ぼんのう》や悪業《あくごう》を恐ろしい罪悪とされますが、浄土真宗《じょうどしんしゅう》では弥《み》陀《だ》の本願《ほんがん》を疑う心（疑情《ぎじょう》）ほど、恐《おそ》ろしい罪はないと教えられます。

私たちが、果てしない過去から迷い苦しんできたのも、現在、苦しんでいるのも、未来永劫《みらいようごう》、苦しまねばならぬのも、その原因（罪）は、弥陀《みだ》の本願《ほんがん》を疑う心（疑情《ぎじょう》）一つであると親鸞聖人《しんらんしょうにん》は教えられています。

『正信偈《しょうしんげ》』では、

生死輪転《しょうじりんてん》の家《いえ》に還来《げんらい》することは、決《けっ》するに疑情《ぎじょう》を以《もっ》て所止《しょし》と為《な》す
（正信偈《しょうしんげ》）

過去、現在、未来の三世《さんぜ》にわたって、我々が迷い苦しみから離《はな》れられないのは、弥陀《みだ》の本願《ほんがん》を疑う心、疑情《ぎじょう》一つのためである。

また「和讃《わさん》」には、

真《しん》の知識《ちしき》にあうことは
かたきが中《なか》になおかたし
流転輪廻《るてんりんね》のきわなきは
疑情《ぎじょう》のさわりにしくぞなき
（高僧和讃《こうそうわさん》）

迷い苦しみの元凶《げんきょう》は、弥陀《みだ》の本願《ほんがん》を疑う疑情《ぎじょう》一つであると教える、真の知識に遇《あ》うことは、難きが中に難きことである。

仏智《ぶっち》疑《うたが》う罪深《つみふか》し
（正像末和讃《しょうぞうまつわさん》）

弥陀《みだ》の本願《ほんがん》を疑うほど、恐《おそ》ろしい罪はないのである。

と明言されています。

弥陀《みだ》の本願《ほんがん》を疑う心（疑情《ぎじょう》）を、自力《じりき》の心ともいいます。

私たちが迷い苦しみ流転するのは、欲や怒《いか》りや愚痴《ぐち》の煩悩《ぼんのう》のためではないのです。また煩悩《ぼんのう》で造った悪業《あくごう》のためでもないのです。

弥陀《みだ》の本願《ほんがん》を疑う自力《じりき》の心一つで、三世《さんぜ》を流転するのだと親鸞聖人《しんらんしょうにん》は教えられています。

だから聞法する目的は、この三世《さんぜ》を迷わす業障《ごうしょう》である本願疑惑心《ほんがんぎわくしん》、自力《じりき》の心を破って頂くためなのです。ほかに聞法の目的はありません。

生命《いのち》をかけて聞法すると、不可思議の弥陀《みだ》の願力《がんりき》によって自力《じりき》の心が廃《すた》るのです。この時を聞即信《もんそくしん》とか、帰命《きみょう》の一念《いちねん》といわれます。

聞即信《もんそくしん》の一念《いちねん》に自力《じりき》の心が廃《すた》り、明信仏智《みょうしんぶっち》＊、破闇満願《はあんまんがん》＊しますから、蓮如上人《れんにょしょうにん》

＊明信仏智　阿弥陀仏の本願（仏智）がハッキリ知らされること。
＊破闇満願　苦悩の根元である無明の闇（疑情）が破れ、「絶対の幸福に救いたい」という弥陀の願いが我々の身に満たされること。

はそれを「三世《さんぜ》の業障一時《ごうしょういちじ》に罪消《つみき》えて」とおっしゃっているのです。

この自力《じりき》の心さえ消えれば、煩悩《ぼんのう》や悪業《あくごう》は減りも無くなりもしませんが、随犯随懺《ずいぼんずいさん》と照らされ、煩悩即菩提《ぼんのうそくぼだい》と喜びの源泉に変わるのです。

これを聖人《しょうにん》は、こう「和讃《わさん》」されています。

罪障功徳《ざいしょうくどく》の体《たい》となる
氷《こおり》と水《みず》のごとくにて
氷多《こおりおお》きに水多《みずおお》し
障《さわ》り多《おお》きに徳多《とくおお》し
（高僧和讃《こうそうわさん》）

弥陀《みだ》に救われても煩悩《ぼんのう》や悪業《あくごう》は変わらないが、氷と水のごとく、氷が大きいほど解けた水が多いように、罪障《ざいしょう》（煩悩《ぼんのう》）が多いほど、幸せよろこぶ功徳《くどく》（菩提《ぼだい》）が多くなるのである。

とおっしゃっています。

信心獲得《しんじんぎゃくとく》しても、欲や怒《いか》りの煩悩具足《ぼんのうぐそく》*の身は変わりませんが、それらは往生《おうじょう》のさわりにならずご恩喜ぶ種になるのです。

*煩悩具足　煩悩の塊。人間のこと。

37

救われたら、本当に大慶喜があるのか

問

親鸞聖人《しんらんしょうにん》が、阿弥陀仏《あみだぶつ》に救われたら大慶喜《だいきょうき》が起きると教えられているとおっしゃいますが、それは法の尊さを言われたもので、私たちに起きる喜びではないという人がありますが、どちらが本当なのでしょうか。

答

救われて大慶喜《だいきょうき》した人が、広大難思《こうだいなんし》の慶心《きょうしん》が起きると言われるのも本当ならば、大慶喜《だいきょうき》のない人が、そんなものではないと言うのも本当でしょう。

しかし、いま問題にされているのは、親鸞聖人《しんらんしょうにん》のおっしゃった広大難思《こうだいなんし》の慶《きょう》心《しん》について、どちらが正しいかというお尋《たず》ねでありますから、親鸞聖人《しんらんしょうにん》にお聞きしなければなりません。

このことについては、『唯信鈔文意《ゆいしんしょうもんい》』に聖人《しょうにん》が詳述《しょうじゅつ》されています。

この信心《しんじん》をうるを「慶喜《きょうき》」という。慶喜《きょうき》する人《ひと》は諸仏《しょぶつ》とひとしき人《ひと》と名《な》づく。

「慶《きょう》」はうべきことをえて後《のち》に慶《よろこ》ぶ意《こころ》なり、信心《しんじん》をえて後《のち》によろこぶこころなり。

「喜《き》」はこころの内《うち》に常《つね》によろこぶこころ絶《た》えずして憶念《おくねん》つねなるなり、踊躍《ゆやく》するなり、「踊《ゆ》」は天《てん》におどるという、「躍《やく》」は地《ち》におどるという、よろこぶ心《こころ》の極《きわ》まりなきかたちをあらわすなり（唯信鈔文意《ゆいしんしょうもんい》）

他力《たりき》の信心を獲《え》たことを「慶喜《きょうき》」というのである。「慶喜《きょうき》」する人は諸仏と等しいといわれる。

慶《きょう》とは、いま救われたことのよろこびをいうのである。

喜は、常によろこぶ心が絶えないことをいう。天に踊《おど》り地に躍《おど》るほどのよろこびをいうのである。

慶喜《きょうき》は、歓喜《かんぎ》とは違《ちが》って未来の救いを喜ぶのではなく、今、救われたことのよろこびを表すものであり、慶喜《きょうき》も慶心《きょうしん》も私たちのよろこびを表すことは、この聖人《しょうにん》のお言葉で明らかでありましょう。

数ある釈尊《しゃくそん》のお弟子の中でも、智恵第一《ちえだいいち》と謳《うた》われた舎利弗尊者《しゃりほつそんじゃ》が、『法華経《ほけきょう》』の説法《せっぽう》を聞いて、有り難さをありのままに告白した時、釈尊《しゃくそん》は、「これより百《ひゃく》千劫《せんごう》の後、そなたは華光如来《けこうにょらい》という仏になるであろう」と予言されました。

それを聞いた舎利弗《しゃりほつ》は、よろこんで八万大衆の中で、立って踊《おど》って歓喜《かんぎ》したと、経典に記されています。舎利弗《しゃりほつ》ほどの人が百千劫《ひゃくせんごう》の将来、仏になるといわれてさえも思わず立って踊《おど》られたのです。

悪性更《あくしょうさら》に止《や》めがたい私たちが、臨終夕べの暁《あかつき》に弥陀同体《みだどうたい》*になれる身に定まっ

＊弥陀同体　阿弥陀仏と同じ仏の覚りのこと。

た喜びは、到底《とうてい》、筆舌に尽《つ》くせるものではないでしょう。それを親鸞聖人《しんらんしょうにん》は、

広大難思《こうだいなんし》の慶心《きょうしん》（『教行信証《きょうぎょうしんしょう》』信巻《しんかん》）

広く大きく想像絶する喜びである。

とか、

獲信見敬大慶喜《ぎゃくしんけんきょうだいきょうき》（正信偈《しょうしんげ》）

弥陀《みだ》に救われて、大慶喜《だいきょうき》する。

とか、

ここを以《もっ》て、極悪深重《ごくあくじんじゅう》の衆生《しゅじょう》、大慶喜心《だいきょうきしん》を得《え》、諸《もろもろ》の聖尊《しょうそん》の重愛《じゅうあい》を獲《う》る

なり

弥陀《みだ》に救われて極重《ごくじゅう》の悪人が大慶喜《だいきょうき》を獲《え》て、諸仏や菩薩《ぼさつ》に褒《ほ》められ護《まも》られる身になるのである。

（『教行信証《きょうぎょうしんしょう》』信巻《しんかん》）

無上《むじょう》の信心《しんじん》を獲《う》れば、すなわち大慶喜《だいきょうき》を得《う》

弥陀《みだ》から無上《むじょう》の信心を頂けば、大慶喜《だいきょうき》するのである。

（浄土文類聚鈔《じょうどもんるいじゅしょう》）

とおっしゃっているのです。

では、大慶喜心《だいきょうきしん》がない原因はなにか。『教行信証《きょうぎょうしんしょう》』化身土巻《けしんどかん》に、こう指摘《してき》されています。

真《まこと》に知《し》んぬ。専修《せんじゅ》にして而《しか》して雑心《ざっしん》なる者《もの》は大慶喜心《だいきょうきしん》を獲《え》ず

（『教行信証《きょうぎょうしんしょう》』化身土巻《けしんどかん》）

明らかに知らされた。弥陀《みだ》一仏に向かって一心に念仏《ねんぶつ》を称《とな》えていても、不思議な弥陀《みだ》の救いに値《あ》っていないから大慶喜心《だいきょうきしん》が起きないのである。

念仏《ねんぶつ》は称《とな》えていても、まだ無明《むみょう》の闇《やみ》が晴れず心が曇《くも》っているから、大慶喜心《だいきょうきしん》が起きないのであると聖人《しょうにん》はおっしゃっています。

よろこばないのを懺悔《ざんげ》するのは尊いのですが、よろこべないのを当たりまえのように思うのは、仏法を汚《けが》していることになりますから心しなければなりません。

38

一心一向とは、どんなことか

問

『御文章《ごぶんしょう》』にしばしば、「一心一向《いっしんいっこう》に弥陀《みだ》たのめ」とか、「一向一心《いっこういっしん》になりて」とありますが、一心一向《いっしんいっこう》とは、どのようなことでしょうか。

答

あなたのお尋《たず》ねは、弥陀《みだ》の救いを求める私たちにとって、もっとも大切なことです。

親鸞聖人《しんらんしょうにん》は、往生《おうじょう》の肝腑《かんぷ》、自宗の骨目《こつもく》といわれ、蓮如上人《れんにょしょうにん》は、分かりやすい例えまであげて教えておられます。

『御文章《ごぶんしょう》』には、

一心一向《いっしんいっこう》というは、阿弥陀仏《あみだぶつ》に於《お》いて、二仏《にぶつ》を并《なら》べざる意《こころ》なり。この故《ゆえ》に、人間《にんげん》に於《お》いても、まず主《ぬし》をば一人《ひとり》ならではたのまぬ道理《どうり》なり。されば外《げ》典《てん》の語《ことば》に云《い》わく、「忠臣《ちゅうしん》は二君《にくん》につかえず、貞女《ていじょ》は二夫《にふ》をならべず」といえり

（『御文章《ごぶんしょう》』二帖目九通）

一心一向《いっしんいっこう》というは、阿弥陀仏《あみだぶつ》と他の仏を並べて、フラフラしないことである。世間でも主人というのは一人でないか。

外典《げてん》にも、忠義な家臣は二人の主君に仕えない。貞淑《ていしゅく》な女性は二人の主人を持たないといわれている。

真の仏法者は、弥陀《みだ》一仏に一心一向《いっしんいっこう》であり、他の諸仏・菩薩《ぼさつ》・諸神にかける心は、一切、あってはならないことを、ねんごろに教示なされています。

「忠臣は二君につかえず、貞女《ていじょ》は二夫をならべず」という言葉は、中国の『史

記』という本にあります。仏教の経典以外の書ですから蓮如上人《れんにょしょうにん》は外典《げてん》と言われています。

その『史記』に、次のような有名な話があります。

昔、中国の、斉《せい》という国の王様が、おごりに長じて酒色にふけって大事な政治を怠《おこた》っているのを嘆《なげ》いて、王蠋《おうしょく》という忠義な大臣がたびたび王に諫言《かんげん》しましたが、いつも馬耳東風《ばじとうふう》で聞き入れてはもらえなかったのです。

そこで王蠋《おうしょく》は、身の不徳を嘆《なげ》いて一切の役職を辞退して、画邑《がゆう》という所へ隠居《いんきょ》してしまいました。

王蠋《おうしょく》のいなくなった斉《せい》の国は、崩壊《ほうかい》を待つばかりの状態であったので、隣国《りんごく》の燕王《えんおう》が今がチャンスと、楽毅《がっき》という人を総大将にして斉《せい》の国に攻《せ》め込《こ》んできたのです。王蠋《おうしょく》のいない斉《せい》は、ひとたまりもなく壊滅《かいめつ》しました。

そのとき、燕《えん》の大将・楽毅《がっき》は、かねてから王蠋《おうしょく》の賢徳《けんとく》と手腕《しゅわん》を高く評価していましたので、燕《えん》の高官に迎《むか》えたいと、幾度《いくど》も礼を厚くして勧誘《かんゆう》しましたが、王蠋《おうしょく》は頑《がん》として応じようとしませんでした。

それでも楽毅《がっき》が諦《あきら》めなかったので、最後に王蠋《おうしょく》は、楽毅《がっき》の使者に「忠臣は二君につかえず、貞女《ていじょ》は二夫をならべず」と記した書を渡《わた》し、庭先の松に縄《なわ》をかけ自ら縊《くび》れて死んだとあります。

蓮如上人《れんにょしょうにん》は、この『史記』のことを思い出されて、

「わずか娑婆《しゃば》一世の主従でさえ、忠臣は二君に仕えずと心の潔白を顕《あらわ》して死んでいるのだ。ましていわんや、未来永劫《みらいようごう》の魂《たましい》の救いを求めている者が、二仏をならべていて、どうして一大事の解決ができようか。私たちの後生《ごしょう》の一大事《いちだいじ》を救うことのできるのは、本師本仏《ほんしほんぶつ》＊の阿弥陀仏《あみだぶつ》しかないのだから、弥陀《みだ》一仏に一《いっ》心一向《しんいっこう》になれよ」

とお諭《さと》しになっているのです。

もちろんこれは、釈尊《しゃくそん》の教えの結論である「一向専念《いっこうせんねん》　無量寿仏《むりょうじゅぶつ》」の教えです。

＊本師本仏　大宇宙の無数にまします仏の師匠。

これを『御伝鈔《ごでんしょう》』には、

一向専念《いっこうせんねん》の義《ぎ》は、往生《おうじょう》の肝腑《かんぷ》、自宗《じしゅう》の骨目《こつもく》なり
（御伝鈔《ごでんしょう》）

往生《おうじょう》の一大事《いちだいじ》は、弥陀《みだ》を一向専念《いっこうせんねん》するか、否かで決まるのだ。ゆえに、「一向専念《いっこうせんねん》　無量寿仏《むりょうじゅぶつ》」より大事な教えはないのである。

と言われています。

今《いま》の行者《ぎょうじゃ》、錯《あやま》って脇士《きょうじ》（観音《かんのん》・勢至《せいし》）につかうることなかれ、ただちに本仏《ほんぶつ》をあおぐべし
（御伝鈔《ごでんしょう》）

弥陀《みだ》の救いを求める者は、誤って観音《かんのん》や勢至《せいし》に仕えてはならない。一心一向《いっしんいっこう》に本仏の弥陀《みだ》をたのむのだ。

聖道《しょうどう》・外道《げどう》におもむきて余行《よぎょう》を修《しゅ》し余仏《よぶつ》を念《ねん》ず、吉日《きちにち》・良辰《りょうしん》をえらび、占相《せんそう》・祭祀《さいし》をこのむものなり、これは外道《げどう》なり、これらはひとえに自《じ》力《りき》をたのむものなり
（一念多念証文《いちねんたねんしょうもん》）

聖道仏教《しょうどうぶっきょう》＊の寺院や外道《げどう》の施設《しせつ》に行って、手を合わせたり賽銭《さいせん》投げたり、日の善《よ》し悪《あ》しを論じたり、占《うらな》いや祭りごとをやっているのは外道《げどう》である。これはみな、自力《じりき》を頼《たよ》りにしているものである。

後生《ごしょう》の一大事《いちだいじ》の救いには、諸仏や菩薩《ぼさつ》の力も及《およ》ばないし、余行《よぎょう》・余善《よぜん》も間《ま》にあわないから、それら一切を捨てて、弥陀《みだ》に一向専念《いっこうせんねん》せよと聖人《しょうにん》は教えられています。

親鸞聖人《しんらんしょうにん》の教えが、余りにも弥陀《みだ》一仏を専念せよと強烈《きょうれつ》だったので、世間の人々は浄土真宗《じょうどしんしゅう》を一向宗《いっこうしゅう》とまでいうようになったのです。

江戸中期の有名な儒者《じゅしゃ》に、太宰春台《だざいしゅんだい》という人があります。この人の著書に、

＊聖道仏教　天台、真言、禅宗など、自分の力でさとりを開こうとする仏教。

当時の浄土真宗《じょうどしんしゅう》の人たちのことを、次のように伝えています。

「一向宗《いっこうしゅう》の門徒は、弥陀《みだ》一仏を信ずること専《もっぱら》にして、他の仏神を信ぜず、如何《いか》なる事ありても、祈祷《きとう》などすること無く、病苦ありても呪術《じゅじゅつ》・符水《ふすい》を用いず、愚《おろか》なる小民・婦女・奴婢《ぬび》の類《たぐい》まで、皆然《みなしか》なり、これ親鸞氏《しんらんうじ》の教《おしえ》の力なり」

と驚嘆《きょうたん》しています。

これらの証言などによっても、親鸞聖人《しんらんしょうにん》を祖師とする浄土真宗《じょうどしんしゅう》の人たちは、一切の迷信の行為《こうい》をしなかっただけではなく、阿弥陀仏《あみだぶつ》以外の、仏や神に礼拝したり信ずることは絶対しなかったことが分かります。

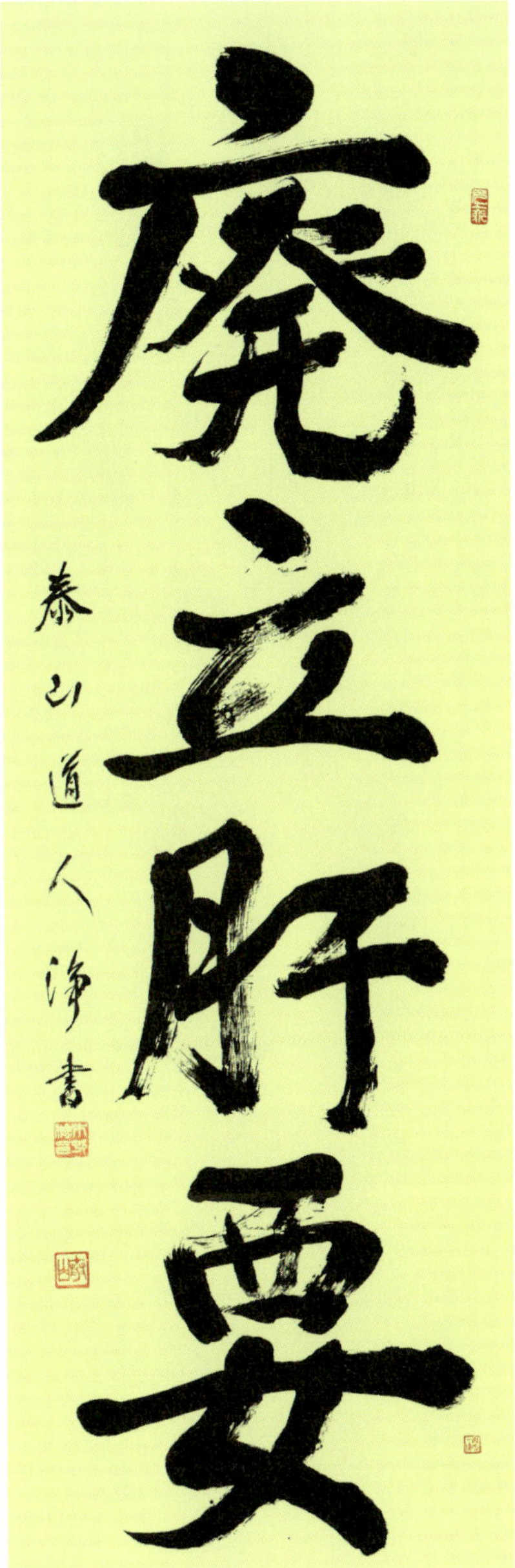

180×60cm

39

神社に参ってもよいのではないか

問

ある本に「親鸞聖人《しんらんしょうにん》が、たびたび神社へ参詣《さんけい》された」と書いてありましたが、我々も神社に参ってもよいのではありませんか。

答

親鸞聖人《しんらんしょうにん》の伝説についての真偽正邪《しんぎせいじゃ》は、聖人《しょうにん》の書かれたお聖教《しょうぎょう》*に合うか、どうかによって決定されなければなりません。

親鸞聖人《しんらんしょうにん》の時代には、神社といいましても実社《じっしゃ》といわれるものと、権社《ごんしゃ》といわれるものがありました。

実社《じっしゃ》といいますのは、死んだ人間や畜生《ちくしょう》の霊《れい》を、神として祀《まつ》っている神社を

＊お聖教　仏教の書物。

いいます。現今の日本の神社は、みな、この実社《じっしゃ》に当たります。

仏教では、このような死んだ人間や畜生《ちくしょう》の霊《れい》を神としているものを、鬼神《きじん》とか、邪神《じゃしん》と説かれ『諸神本懐集《しょじんほんがいしゅう》』には、これらを拝んだり供養すれば、五百生の蛇身《じゃしん》を受け、現世《げんぜ》に福報は更《さら》に来たらずして、後生《ごしょう》は必ず三悪道《さんあくどう》＊に堕《だ》すると説かれています。

ゆえに親鸞聖人《しんらんしょうにん》は、

かなしきかなやこのごろの
和国《わこく》の道俗《どうぞく》みなともに
仏教《ぶっきょう》の威儀《いぎ》をもととして
天地《てんち》の鬼神《きじん》を尊敬《そんきょう》す
（悲歎述懐和讃《ひたんじゅっかいわさん》）

なんと悲しいことか。現今の日本の僧侶《そうりょ》も在家の者も、外見は仏教を信じているように装っているが、内心は、みな鬼神《きじん》に仕えている。

＊三悪道　地獄・餓鬼・畜生の３つの苦しみの世界。

外道梵士尼乾志《げどうぼんじにけんし》に
こころはかわらぬものとして
如来《にょらい》の法衣《ほうえ》をつねにきて
一切鬼神《いっさいきじん》をあがむめり
（悲歎述懐和讃《ひたんじゅっかいわさん》）

手には数珠《じゅず》をかけ身には袈裟《けさ》を着て、仏法者らしく振《ふ》る舞《ま》っているけれども、心は外道《げどう》と変わらず、みな、鬼神《きじん》を崇《あが》めている。

と嘆《なげ》いておられます。

そんな親鸞聖人《しんらんしょうにん》が、鬼神《きじん》や邪神《じゃしん》をまつる実社《じっしゃ》へ参拝される道理がありません。

次に当時、権社《ごんしゃ》といわれる神社がありました。

権社《ごんしゃ》といいますのは、仏や菩薩《ぼさつ》が私たちを救うために、権《かり》に神として現れているといわれていたものを、まつっていた神社をいいます。

本書に出てくるものでいえば、「熊野《くまの》の権現《ごんげん》」とか「箱根の権現《ごんげん》」などです。親鸞聖人《しんらんしょうにん》が、「おろそかにするな」とか「軽しむべからず」「念仏《ねんぶつ》の人を護《まも》るなり」と言われたのは、この権社《ごんしゃ》の神を言われたものです。

この権社《ごんしゃ》といわれたものは、明治元年の神仏分離《しんぶつぶんり》の法令によって根絶されて、現在は、どこにも存在していません。

当時の文献《ぶんけん》を見ますと、神と仏を分離《ぶんり》し、権社《ごんしゃ》を根絶させるために役人を各地に巡回《じゅんかい》させ、「神明あらため」といって神社の神体といわれるものを逐一検《ちくいちけん》閲《えつ》して、仏教関係の神体である仏像はもちろん、仏教に関《かか》わる器具名称《きぐめいしょう》までも神社より除去させています。

今日《こんにち》まれに、梵鐘《ぼんしょう》や仏具などがある神社が残っていますのは、当時の調査もれです。

それは都道府県庁等にある神明帳に、いずれも先祖の名が祭神として明記されていることによっても明らかなことです。

このような実態を知れば、今日《こんにち》、浄土真宗《じょうどしんしゅう》の人たちが参詣《さんけい》してもよい神社は、どこにもないことがハッキリいたしましょう。

40 一向専念無量寿仏とは、どんなことか

問

浄土真宗《じょうどしんしゅう》では「一向専念《いっこうせんねん》　無量寿仏《むりょうじゅぶつ》」ということを厳しくいわれますが、どんなことでしょうか。

答

これは私たちが真に幸福になるために、最も大事なことですから、よく知ってください。

これは釈尊《しゃくそん》のお言葉です。無量寿仏《むりょうじゅぶつ》とは阿弥陀仏《あみだぶつ》のことですから、「一向専《いっこうせん》念《ねん》　無量寿仏《むりょうじゅぶつ》」とは、阿弥陀仏《あみだぶつ》に一向専念《いっこうせんねん》せよ、必ず絶対の幸福に救われると教えられたお言葉です。

本師本仏《ほんしほんぶつ》*の阿弥陀仏《あみだぶつ》が本願《ほんがん》に、「一心一向に我をたのまん衆生《しゅじょう》をば、どんな罪深き人なりとも、必ず救わん」と約束なされているからだと、釈尊《しゃくそん》はおっしゃっています。

釈尊《しゃくそん》は、この弥陀《みだ》の本願《ほんがん》一つを教えるためにこの世へ生まれられたことを、親鸞聖人《しんらんしょうにん》は『正信偈《しょうしんげ》』に明言されています。

『御伝鈔《ごでんしょう》』には、

一向専念《いっこうせんねん》の義《ぎ》は、往生《おうじょう》の肝腑《かんぷ》、自宗《じしゅう》の骨目《こつもく》なり　（御伝鈔《ごでんしょう》）

往生一定《おうじょういちじょう》*の永遠の幸福になるには、弥陀《みだ》に一向専念《いっこうせんねん》するか、否かで決まるのだから、「一向専念《いっこうせんねん》　無量寿仏《むりょうじゅぶつ》」以上に大事な教えはないのである。

と覚如上人《かくにょしょうにん》はおっしゃっています。

『教行信証《きょうぎょうしんしょう》』化身土巻末《けしんどかんまつ》には、

＊本師本仏　大宇宙の無数にまします仏の師匠。
＊往生一定　浄土へ往けることがハッキリすること。

出家《しゅっけ》の人《ひと》の法《ほう》は、国王《こくおう》に向《む》かいて礼拝《らいはい》せず、父母《ぶも》に向《む》かいて礼拝《らいはい》せず、六親《ろくしん》に務《つか》えず、鬼神《きじん》を礼《らい》せず
（菩薩戒経《ぼさつかいきょう》）

真の仏法者は、たとえ相手が国王であれ、父母であれ、六親*であれ、鬼神《きじん》であれ、一切、これらのものに礼拝恭敬《らいはいくぎょう》しないのである。

真の仏法者とは、「一向専念《いっこうせんねん》　無量寿仏《むりょうじゅぶつ》」の人のことです。「一向専念《いっこうせんねん》　無《む》量寿仏《りょうじゅぶつ》」の仏法者は、たとえ相手が国王であれ、父母であれ、六親であれ、鬼神《きじん》であれ、これらのものに礼拝恭敬《らいはいくぎょう》はしないのである。

ただ弥陀《みだ》一仏を礼拝恭敬《らいはいくぎょう》する者こそが、真の仏法者であるというのが、親鸞《しんらん》聖人《しょうにん》のこの「経文」の解釈《かいしゃく》です。

事実、この『菩薩戒経《ぼさつかいきょう》』の教えを忠実に自ら聖人《しょうにん》は実践《じっせん》されました。『教行信証《きょうぎょうしんしょう》』後序《こうじょ》には、

＊六親　父母・兄弟・妻子のこと。

主上《しゅじょう》・臣下《しんか》、法《ほう》に背《そむ》き義《ぎ》に違《い》し、忿《いかり》を成《な》し、怨《うらみ》を結《むす》ぶ

（『教行信証《きょうぎょうしんしょう》』後序《こうじょ》）

天皇《てんのう》も家臣も、仏法に反逆して、正義を踏《ふ》みにじり、怒《いか》りにまかせて大罪を犯した。

『口伝鈔《くでんしょう》』には、

上一人《かみいちにん》よりはじめて偏執《へんじゅう》のやから一天《いってん》に満《み》てり

（口伝鈔《くでんしょう》）

天皇《てんのう》をはじめとして、法謗《ほうぼう》の輩《やから》が天下に満ちている。

真実の仏法を弾圧《だんあつ》した当時の天皇《てんのう》らを痛烈《つうれつ》に非難されています。天皇神聖論《てんのうしんせいろん》がやかましかった戦時中、聖人《しょうにん》のこのお言葉が、天皇不敬《てんのうふけい》に当たると大問題と

なり削除《さくじょ》されましたが、親鸞聖人《しんらんしょうにん》の、「国王に向かいて礼拝せず」の明証でありましょう。

また『歎異抄《たんにしょう》』に、「親鸞《しんらん》は、亡き父母の追善供養のために、一遍《いっぺん》の念仏《ねんぶつ》も称《とな》えたことがない」とおっしゃっていますのも、聖人《しょうにん》の「父母に向かいて礼拝せず」の宣言でしょう。

また八十四歳の老聖人《ろうしょうにん》が、「一向専念《いっこうせんねん》　無量寿仏《むりょうじゅぶつ》」を乱した長子・善鸞《ぜんらん》を義絶されたのは、「六親につかえず」の表明といえましょう。

親鸞聖人《しんらんしょうにん》が、一切の鬼神《きじん》（人畜《じんちく》の死霊《しれい》を神とするもの）を排斥《はいせき》されたことは、余りにも顕著《けんちょ》なことです。

『教行信証《きょうぎょうしんしょう》』には、

余《よ》の諸天神《しょてんじん》に帰依《きえ》せざれ　（涅槃経《ねはんぎょう》）

天地の神々を信じ、礼拝してはならぬ。

天《てん》を拝《はい》することを得《え》ざれ、鬼神《きじん》を祠《まつ》ることを得《え》ざれ

（般舟三昧経《はんじゅざんまいきょう》）

天を拝んだり、鬼神《きじん》を祀《まつ》り仕えてはならない。

など諸経を引用して「和讃《わさん》」には、

かなしきかなや道俗《どうぞく》の
良時吉日《りょうじきちにち》えらばしめ
天神地祇《てんじんちぎ》をあがめつつ
卜占祭祀《ぼくせんさいし》つとめとす

（悲歎述懐和讃《ひたんじゅっかいわさん》）

悲しいことよ。僧侶《そうりょ》も在家の者も、日の善《よ》し悪《あ》しを論じ、天地の神を崇《あが》め、占《うらな》いや祭りごとをやっている。

かなしきかなやこのごろの
和国《わこく》の道俗《どうぞく》みなともに
仏教《ぶっきょう》の威儀《いぎ》をもととして
天地《てんち》の鬼神《きじん》を尊敬《そんきょう》す
（悲歎述懐和讃《ひたんじゅっかいわさん》）

なんと悲しいことか、国中の僧侶《そうりょ》も在家の者も、外面は仏法者を装っているが、内心は天地の鬼神《きじん》を敬っている。

親鸞聖人《しんらんしょうにん》ほど、鬼神信仰《きじんしんこう》や卜占祭祀《ぼくせんさいし》を打破なされた方はないでしょう。

この、「一向専念《いっこうせんねん》　無量寿仏《むりょうじゅぶつ》」の強調が、やがて承元《じょうげん》の法難《ほうなん》を呼び、聖人《しょうにん》は流刑《るけい》にまで遭《あ》われました。いかに「一向専念《いっこうせんねん》　無量寿仏《むりょうじゅぶつ》」の教えが大事かがお分かりになるでしょう。

蓮如上人《れんにょしょうにん》も、「弥陀《みだ》に一心一向《いっしんいっこう》とは、阿弥陀仏《あみだぶつ》のほかに二仏を並べないことである。ちょうど、忠臣は二君につかえず、貞女《ていじょ》は二夫を並べないのと同じだ」

と教えられています。

私たちを捨てて逃《に》げた、十方《じっぽう》の諸仏や菩薩《ぼさつ》や諸神を信じて助かるはずがないのです。

溺《おぼ》れる者が藁《わら》にすがるようなもので、すがったまま沈《しず》むのです。

余りにも厳しい「一向専念《いっこうせんねん》　無量寿仏《むりょうじゅぶつ》」の教えに、世間の人々は浄土真宗《じょうどしんしゅう》のことを、一向宗《いっこうしゅう》とまでいうようになったほどです。

いかに、「一向専念《いっこうせんねん》　無量寿仏《むりょうじゅぶつ》」が、私たちが絶対の幸福に救われるに大切なことであるかが分かるでしょう。

41

親鸞聖人が、わが子を義絶された理由は何か

問

剣《つるぎ》を抜《ぬ》いて殺しに来た弁円《べんねん》にさえ、御同朋《おんどうぼう》・御同行《おんどうぎょう》とかしずかれた親鸞聖人《しんらんしょうにん》が、どうしてわが子・善鸞《ぜんらん》を義絶なされたのでしょうか。そんな善鸞《ぜんらん》の言動とはどんなことであったのでしょうか。

答

八十四歳の老聖人《ろうしょうにん》が、親子の縁を切られなければならなかった善鸞《ぜんらん》には、よほど許せない言動があったことは想像にかたくありません。

一体なにがあったのか。親鸞聖人《しんらんしょうにん》に関心のある誰《だれ》もが知りたいことでしょう。

住みなれた関東から、懐《なつ》かしい故郷の京都に帰られた聖人《しょうにん》に、関東の弟子、性信房《しょうしんぼう》たちから悲しい知らせが続いていました。

それは、慈信房善鸞《じしんぼうぜんらん》の仏法を破壊《はかい》する恐《おそ》ろしい言動の数々でありました。

現存の史料を根拠《こんきょ》に、善鸞《ぜんらん》の言動を窺《うかが》ってみますと、まず、嘉元《かげん》三年七月二十七日、高田の顕智房《けんちぼう》が書写したという「義絶状」には、次のように記されています。

又《また》、慈信房《じしんぼう》のほうもんのよう、みょうもくをだにもきかず、しらぬことを、慈信一人《じしんいちにん》に、よる親鸞《しんらん》がおしえたるなりと、人《ひと》に慈信房《じしんぼう》もうされてそうろうとて、これにも常陸下野《ひたちしもつけ》の人々《ひとびと》は、みなしんらんが、そらごとをもうしたるよしをもうしあわれてそうらえば、今《いま》は父子《ふし》のぎはあるべからずそうろう

善鸞《ぜんらん》が、この親鸞《しんらん》が言ったこともないことを、夜中に善鸞《ぜんらん》一人に教えたと

言いふらし、関東の同朋《どうぼう》たちを惑乱《わくらん》させている。そんなことでは、親と子の縁を切るよりほかはない。

これから推測されることは、
「私だけが真実の教えを知っている。みんな今まで父から聞いていたものとは違《ちが》う。私の知っているのが、本当の父の教えなのだ。父が夜、密《ひそ》かに私一人に教えてくれた秘法だから」
善鸞《ぜんらん》が、得意になって言いふらしていたことは、大体、こういうことであったと思われます。

ここに、「夜ひそかに父が、私一人に教えた」と言っていることから、「夜中の法門」とか「秘事法門《ひじほうもん》」といわれ、善鸞《ぜんらん》が秘事法門《ひじほうもん》の元祖のようにいわれるようになったのです。

では善鸞《ぜんらん》は、どんなことを夜中に授かった秘法と教えたのでしょうか。

「義絶の書状」には、こう書かれています。

「第十八《だいじゅうはち》の本願《ほんがん》をば、しぼめるはなにたとえて、人《ひと》ごとに、みなすてまいらせたり」

善鸞《ぜんらん》が夜中に授かった秘法とは、

「弥陀《みだ》の本願《ほんがん》の中心は十八願だと信じてきたが、それは父の真意ではなかった。かつて栄えても今は、しぼんだ花のようなものだから、もう捨てようじゃないか」

という、「一向専念《いっこうせんねん》　無量寿仏《むりょうじゅぶつ》」の否定であったことが分かります。

『最須敬重絵詞《さいしゅきょうじゅうえのことば》』巻五には、

「初《はじ》めは聖人《しょうにん》の御使《おんつかい》として坂東《ばんどう》へ下向《げこう》し、浄土《じょうど》の教法《きょうぼう》をひろめて、辺鄙《へんぴ》の知識《ちしき》にそなわり給《たま》いけるが、後《のち》には法文《ほうもん》の義理《ぎり》をあらため、あまさえ巫女《ふにょ》の輩《ともがら》に交《まじ》わりて、仏法修行《ぶっぽうしゅぎょう》の儀《ぎ》にはずれ、外道尼乾子《げどうにけんし》の様《よう》にておわしければ、聖人《しょうにん》も御余塵《ごよじん》の一列《いちれつ》におぼしめさず。所化《しょけ》につらなりし人々《ひとびと》もすてて、みな直《じき》に聖人《しょうにん》へぞまいりける」

と記されています。

「一向専念《いっこうせんねん》　無量寿仏《むりょうじゅぶつ》」を否定した上、神につかえて祈祷《きとう》し人の吉凶《きっきょう》を予言する、聖人《しょうにん》の最も嫌《きら》われた現世祈祷師《げんぜきとうし》に、善鸞《ぜんらん》がなっていたと理解されます。

なお親鸞聖人《しんらんしょうにん》の曽孫《ひまご》、覚如上人《かくにょしょうにん》が、正応《しょうおう》三年三月（二十一歳）常州小柿《じょうしゅうこがき》の山《やま》中《なか》で病気になられたとき、その病床《びょうしょう》を訪ねた善鸞《ぜんらん》が、「われ符《ふ》をもって、よろずの災難《さいなん》を治《ち》す」（最須敬重絵詞《さいしゅきょうじゅうえことば》）と、符《ふ》を持参しているのを傍証《ぼうしょう》にあげることができましょう。

さらに真浄房《しんじょうぼう》あての手紙には、

「これまでのように、社会的に無力の者同士で信仰《しんこう》していては教えが弘《ひろ》まらない。信者以外でもよい。有力な者と縁を結んで彼らの力を利用して布教するように改めよ。これも父の新しい教えだ」

と聖人《しょうにん》の権威《けんい》のもとに語られていたのです。

それに対して聖人《しょうにん》は、こう反論されています。

余《よ》（権力者）の人々《ひとびと》を縁《えん》として念仏《ねんぶつ》を弘《ひろ》めんと計《はか》らいあわせ給《たま》うこと、ゆめゆめあるべからず候《そうろう》。これよりは余《よ》（権力者）の人《ひと》を強縁《ごうえん》として念仏《ねんぶつ》ひろめよ、と申《もう》すこと、ゆめゆめ申《もう》したること候《そうら》わず
（御消息《ごしょうそく》第八通）

権力者の力を借りて仏法をひろめよなどと親鸞《しんらん》言ったことはない。決して、そのようなことがあってはならない。

親鸞聖人《しんらんしょうにん》の厳戒《げんかい》された権力者との癒着《ゆちゃく》にまで、聖人《しょうにん》の名の下にすすめられていては、もはや、善鸞《ぜんらん》を許すことはできなかったのです。
護法に悲愴《ひそう》な聖人《しょうにん》のみ心に涙《なみだ》せずにおれません。

第三部

光に向かって、桜ふりしきる山路をゆかん

42

五つの不思議とは

問

仏教に五つの不思議が説かれていると聞きましたが、どんな不思議が説かれているのでしょうか。

答

仏教で説かれる五つの不思議とは、特に、阿弥陀仏《あみだぶつ》の本願力不思議《ほんがんりきふしぎ》を讃《たた》えて、龍樹菩薩《りゅうじゅぼさつ》＊が説かれたものです。『大智度論《だいちどろん》』にあります。

一つは、「衆生多少不可思議《しゅじょうたしょうふかしぎ》」といいまして、多くの生物が生まれ続いて尽《つ》きない不思議をいわれたものです。少は意味のない助字です。

二つには「業力不可思議《ごうりきふかしぎ》」です。

＊龍樹菩薩　約1900年前、インドの人。仏教の諸宗からも尊敬され「八宗の祖師」とか「小釈迦」ともいわれている。

善・悪の業力《ごうりき》によって引き起こされる果報に、寸分の狂《くる》いもないことの不思議をいわれています。

三つに、「龍力不可思議《りゅうりきふかしぎ》」です。気象の変化の不思議のことです。

四つは、「禅定力不可思議《ぜんじょうりきふかしぎ》」です。

聖者が修行によって、永い寿命《じゅみょう》を保ったり、現す神通《じんずう》の不思議をいったものです。

五つめが、「仏法力不可思議《ぶっぽうりきふかしぎ》」です。

これこそが十方世界《じっぽうせかい》に遍満《へんまん》する、理屈離《りくつはな》れた摩訶不思議《まかふしぎ》、阿弥陀仏《あみだぶつ》の願力不《がんりきふ》思議《しぎ》のことです。

親鸞聖人《しんらんしょうにん》は「和讃《わさん》」に、こう説かれています。

五《いつ》つの不思議《ふしぎ》を説《と》く中《なか》に
仏法不思議《ぶっぽうふしぎ》にしくぞなき

仏法《ぶっぽう》不思議《ふしぎ》ということは
弥陀《みだ》の弘誓《ぐぜい》に名《な》づけたり
（高僧和讃《こうそうわさん》）

仏教には、五つの不思議があると説かれている。中でも釈尊《しゃくそん》は「仏法《ぶっぽう》不思《ふし》議《ぎ》」以上の不思議はないと教えられている。

「仏法不思議《ぶっぽうふしぎ》」とは、阿弥陀仏《あみだぶつ》の救いの不思議をいわれたものである。

願力無窮《がんりきむきゅう》＊の弥陀《みだ》により、絶対の悪が絶対の善に救済されれば、生死《しょうじ》の苦海のままが光明《こうみょう》の広海《こうかい》＊と変わり、煩悩具足《ぼんのうぐそく》＊のままが至徳具足《しとくぐそく》と転ずる不思議をいわれたものです。

親鸞聖人《しんらんしょうにん》は「不可称《ふかしょう》・不可説《ふかせつ》・不可思議《ふかしぎ》の信楽《しんぎょう》」とおっしゃっています。

富も地位も名誉《めいよ》も権勢も、しばしの間の装飾《そうしょく》です。払《はら》い落《お》とせば妄念《もうねん》しかありません。

悪に向かえば光る目も、善に向かえば眠《ねむ》ってしまう。世間話は徹夜《てつや》でします

＊願力無窮　阿弥陀仏のお力（願力）の限りなきこと。
＊光明の広海　明るい広い海。弥陀に救われた人生を例えられた、親鸞聖人のお言葉。
＊煩悩具足　煩悩の塊。人間のこと。

が、仏法の話はイヤになる。夢の世といいながら、執着《しゅうじゃく》はちょっとも離《はな》れず、ツユの命と知りながら報謝する気はさらさらない、極楽を嫌《きら》って地獄《じごく》を慕《した》っています。

弥勒菩薩《みろくぼさつ》と肩《かた》を並べても、蛇蝎奸詐《じゃかつかんさ》*、我執我慢《がしゅうがまん》*、放逸無慚《ほういつむざん》*は少しも変わらず、どこどこまでも地獄《じごく》は一定《いちじょう》すみかです。

こんな者を一番可愛《かわい》いとおっしゃる、弥陀《みだ》の慈悲《じひ》には底がありません。信に信功《しんこう》なく行に行功《ぎょうこう》なし。*勤行《おつとめ》の時称《とな》えた念仏《ねんぶつ》も、トイレの中で称《とな》える念仏《ねんぶつ》も、無碍《むげ》の世界に差別はありません。こんな念仏《ねんぶつ》忘れがちの認知症《にんちしょう》を、常念仏《じょうねんぶつ》の者とは恥《は》ずかしい限りです。

恩を恩とも感ぜぬ屍《しかばね》が、真実開顕《しんじつかいけん》に突《つ》き進《すす》まずにおれない不思議をいうのです。

「餓鬼《がき》は、水《みず》を火《ひ》と見《み》候《そうろう》が、あわれに候《そうろう》。自力執心《じりきしゅうしん》の人《ひと》が他力《たりき》を知《し》らぬが、悲《かな》しく候《そうろう》」（法然上人《ほうねんしょうにん》）

＊蛇蝎奸詐　ヘビやサソリを見たときのようなゾッとする醜い心。
＊我執我慢　自分の考えに固執し、間違いに気づいても意地を通すこと。
＊放逸無慚　恥ずる心なく、やりたい放題に悪をすること。
＊信に信功なく行に行功なし　信じていることをあて力にする心もなく、称えている念仏をあて力にする心もないこと。

同じ事件の当事者でも、悲しむ者と喜ぶ者、怒《おこ》る人、泣く人、踊《おど》る人、立場によって見方がかわります。世間は無料の人生劇場です。他力不思議《たりきふしぎ》の世界へ出れば、「渋柿《しぶがき》の　シブこそよけれ　そのままに　かわらで変わる　味の甘《あま》さよ」、逆境に微笑《びしょう》し、涙《なみだ》の中に輝《かがや》く世界が拝める不思議です。

法敬坊《ほうきょうぼう》、蓮如上人《れんにょしょうにん》へ申《もう》され候《そうろう》、「あそばされ候御名号《そうろうごみょうごう》、焼《や》け申《もう》し候《そうろう》が、六体《ろくたい》の仏《ぶつ》になり申《もう》し候《そうろう》。不思議《ふしぎ》なる事《こと》」と申《もう》され候《そうら》えば、蓮如上人《れんにょしょうにん》、その時仰《ときおお》せられ候《そうろう》、「それは不思議《ふしぎ》にてもなきなり、仏《ぶつ》の仏《ぶつ》に御成《おんな》り候《そうろう》は不思議《ふしぎ》にてもなく候《そうろう》。悪凡夫《あくぼんぶ》の弥陀《みだ》をたのむ一念《いちねん》にて仏《ぶつ》になるこそ不《ふ》思議《しぎ》よ」と仰《おお》せられ候《そうろう》なり

（御一代記聞書《ごいちだいききがき》）

蓮如上人《れんにょしょうにん》に、弟子の法敬房《ほうきょうぼう》が申し上げた。

「御本尊《ごほんぞん》として与《あた》えられた御名号《ごみょうごう》が、火事で焼失したとき、天高く六体の仏になって舞《ま》い上《あ》がられるのを拝見したそうですが、不思議なこともある

ものでございます」

すると蓮如上人《れんにょしょうにん》は、仰《おお》せられました。

「仏が仏になりになったのが、何が不思議か。極悪人が弥陀《みだ》タノム一念《いちねん》に無碍《むげ》の一道《いちどう》＊に救われ、仏になる身になることこそ不思議というのである」

弟子の法敬房《ほうきょうぼう》に、蓮如上人《れんにょしょうにん》の慈誨《じかい》です。

不可思議の本願力《ほんがんりき》に生かされた嬉《うれ》しさには、背恩忘恩の悪性《あくしょう》が法雷《ほうらい》のもと法《ほう》剣《けん》をかざし、法蔵久遠《ほうぞうくおん》の戦線に決死獅子吼《けっししし く》せずにはおれない不思議をいうのです。

＊無碍の一道　一切がさわりにならない幸せ。絶対の幸福。

43

二度の臨終、二度の葬式とは、どんなことか

問

浄土真宗《じょうどしんしゅう》には二度の臨終、二度の葬式《そうしき》があると聞きましたが、どんなことでしょうか。

答

二度の臨終といいますのは、心の臨終と肉体の臨終のことです。それをまた二度の葬式《そうしき》ともいわれるのです。

親鸞聖人《しんらんしょうにん》は、阿弥陀仏《あみだぶつ》に救われた時に自力《じりき》の心が死に、同時に他力《たりき》の心が生まれるのだとおっしゃっています。

『愚禿鈔《ぐとくしょう》』にそれを、

信受本願《しんじゅほんがん》　前念命終《ぜんねんみょうじゅう》　即得往生《そくとくおうじょう》　後念即生《ごねんそくしょう》　（愚禿鈔《ぐとくしょう》）

弥陀《みだ》の本願《ほんがん》に救われた時、自力《じりき》の心の命が終わる。同時に他力《たりき》の心が生まれるのである。

弥陀《みだ》の本願《ほんがん》を信受する一念《いちねん》に、前念（曠劫流転《こうごうるてん》の迷いの心）が死ぬとおっしゃっています。

この前念というのは、曠劫《こうごう》より流転してきた自力《じりき》の心のことであり、後生暗《ごしょうくら》い心《こころ》のことです。その自力《じりき》の迷心が、南無阿弥陀仏《なむあみだぶつ》の利剣《りけん》によって殺されるのです。まさに永《なが》の迷いの打ち止めがなされるのです。

覚如上人《かくにょしょうにん》は、これを、

平生《へいぜい》のとき善知識《ぜんぢしき》の言葉《ことば》の下《した》に帰命《きみょう》の一念《いちねん》を発得《ほっとく》せば、そのときをもって娑婆《しゃば》のおわり臨終《りんじゅう》とおもうべし（執持鈔《しゅうじしょう》）

平生に善知識《ぜんぢしき》*の教えを聞き、一念《いちねん》の弥陀《みだ》の救いに値《あ》った時が、この世の終わり臨終である。

とおっしゃっています。

これによっても分かりますように、心の臨終とか魂《たましい》の葬式《そうしき》といわれるのは、弥陀《みだ》に救われたことをいうのです。

肉体の臨終や葬式《そうしき》は、世間周知のことですからはぶきます。

浄土真宗《じょうどしんしゅう》では、特に、心の臨終、魂《たましい》の葬式《そうしき》を重視します。平生に弥陀《みだ》の救いに値《あ》ったか、どうかが、未来永劫《みらいようごう》の浮沈《ふちん》を決するからです。

＊善知識　仏教を正しく教える人。

親鸞閉眼《しんらんへいがん》せば賀茂河《かもがわ》にいれて魚《うお》に与《あた》うべし　（改邪鈔《がいじゃしょう》）

私が死んだら、賀茂川《かもがわ》に捨てて魚に食べさせるがよかろう。

親鸞聖人《しんらんしょうにん》のこのご持言も、すでに魂《たましい》の葬式《そうしき》が済んでいるので、肉体の葬式《そうしき》などは問題にならなかったからでしょう。

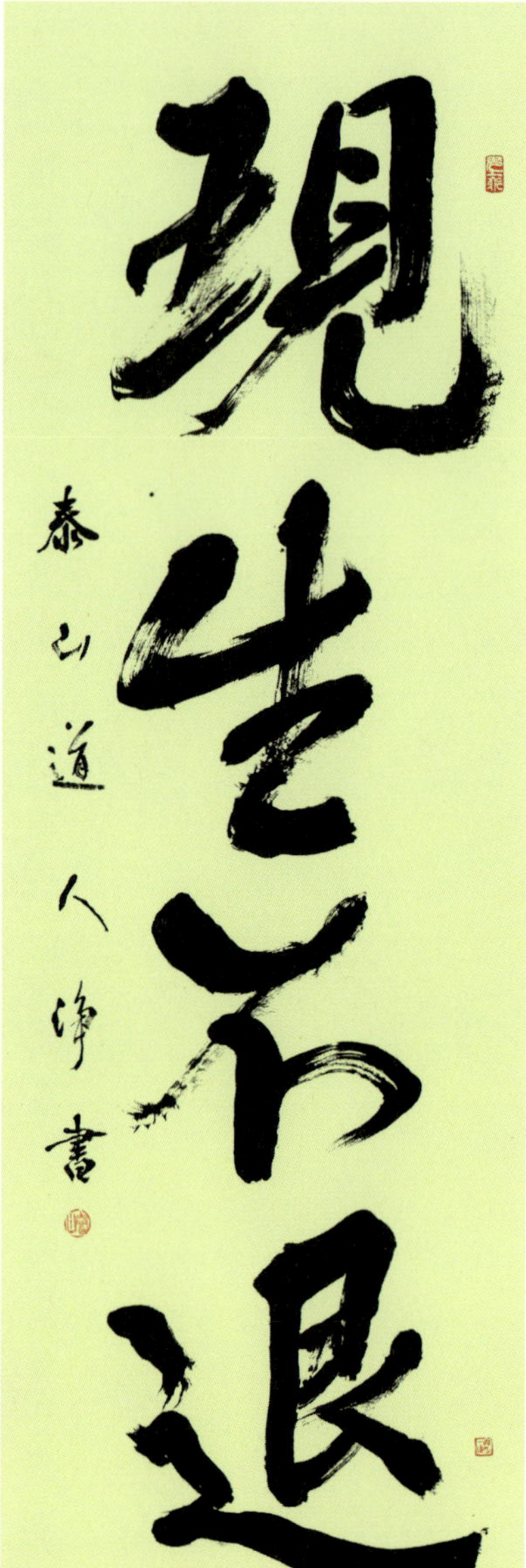

180×60cm

44

不来迎とは、どんなことか

問

浄土真宗《じょうどしんしゅう》は、不来迎《ふらいこう》の教えだと聞きましたが、どんなことでしょうか。

答

お聞きの通り、浄土真宗《じょうどしんしゅう》の特色は不来迎《ふらいこう》の教えだということです。

不来迎《ふらいこう》ということをお話しする前に、まず仏教でいう来迎《らいこう》ということについてお話ししなければなりません。

来迎《らいこう》というのは、平生、念仏《ねんぶつ》を努めて称《とな》えている人の所へ、臨終に阿弥陀仏《あみだぶつ》が、観音《かんのん》・勢至《せいし》などを従えて迎《むか》えに来てくだされるということです。これを来《らい》迎《こう》というのですが、もし臨終に来迎《らいこう》がなければ、極楽浄土《ごくらくじょうど》へは往《ゆ》けないことになります。

それに対して不来迎《ふらいこう》というのは、そんな臨終のことが、全く問題にならなくなるということです。

来迎《らいこう》をたのみにしている人たちは、臨終まで必ず浄土《じょうど》へ往《ゆ》けるという、往生《おうじょう》一定《いちじょう》*の確信、安心がありませんから、現在が不安に充《み》ちた生活を送らなければなりません。

だから来迎《らいこう》を頼《たよ》りにする他宗には、臨終に阿弥陀仏《あみだぶつ》の木像の手に糸を引っかけ、その糸の端《はし》を死人に握《にぎ》らせて、極楽へ引っぱってもらおうとする儀式《ぎしき》さえあります。

これは平生に明らかな阿弥陀仏《あみだぶつ》の救いに値《あ》っていない人たちの、最後のたのみでしょう。浄土真宗《じょうどしんしゅう》でも「この世で救われることなどない、弥陀《みだ》の救いは死んでからだ」と聞き誤っている人たちは、みんなこの来迎《らいこう》を頼《たよ》りにしている人

＊往生一定　浄土へ往けることがハッキリすること。

たちと同じといえましょう。

これらは、平生に救われた大慶喜《だいきょうき》も大満足もありませんから、「死んだら助けてもらえる」と未来の救いをあてにして、来迎《らいこう》をたのんで不安をごまかそうとするのです。

だが、その臨終来迎《りんじゅうらいこう》も信じられないので前述のような儀式《ぎしき》までするようになったのです。これらは死ぬまで不安と苦悩《くのう》の連続で終わってゆくということですから、悲劇といわなければなりません。

親鸞聖人《しんらんしょうにん》が不来迎《ふらいこう》だとおっしゃったのは、平生に信楽開発《しんぎょうかいほつ》した一念《いちねん》に、往生《おうじょう》一定《いちじょう》と曠劫流転《こうごうるてん》の魂《たましい》の解決ができたら、臨終の来迎《らいこう》などさらさら用事がなくなります。これを不来迎《ふらいこう》とおっしゃったのです。

親鸞聖人《しんらんしょうにん》は、来迎《らいこう》を弥陀《みだ》に救われた平生の一念《いちねん》に体得なされたので、臨終の来迎《らいこう》など問題にはなさらなかったのです。

浄土真宗《じょうどしんしゅう》の教えは、平生に救われた一念《いちねん》から仏凡一体《ぶつぼんいったい》＊ですから、常来迎《じょうらいこう》であ

＊仏凡一体　阿弥陀仏の御心（仏心）と凡夫の心（凡心）とが、一つになること。

り不来迎《ふらいこう》なのです。

されば聖人《しょうにん》の仰《おおせ》には、「来迎《らいこう》は諸行往生《しょぎょうおうじょう》にあり。真実信心《しんじつしんじん》の行人《ぎょうにん》は、摂取不捨《せっしゅふしゃ》の故《ゆえ》に正定聚《しょうじょうじゅ》に住《じゅう》す、正定聚《しょうじょうじゅ》に住《じゅう》するが故《ゆえ》に必《かなら》ず滅度《めつど》に至《いた》る、故《かるがゆえ》に臨終《りんじゅう》まつことなし、来迎《らいこう》たのむことなし」といえり（『御文章《ごぶんしょう》』一帖）

だから親鸞聖人《しんらんしょうにん》は、こう仰《おお》せられている。「来迎《らいこう》」とは、死んでから助けてもらおうとする諸行往生《しょぎょうおうじょう》の教えのことである。

平生、弥陀《みだ》に救《すく》い摂《と》られた人は、往生一定《おうじょういちじょう》の正定聚《しょうじょうじゅ》の身だから往生成仏《おうじょうじょうぶつ》がハッキリしているので、臨終がどうであれ、来迎《らいこう》など全く問題にならないのである、と。

と蓮如上人《れんにょしょうにん》はおっしゃっています。

45

臨終の有様と未来世は、関係あるか

問

母は平生、大変仏法を喜んで私たちにも、真剣《しんけん》な聴聞《ちょうもん》を勧《すす》めてくれた人ですが、ガンで臨終に大変苦しんで死んだことが案ぜられてなりません。世間では苦しまずに眠《ねむ》るように死ぬと大往生《だいおうじょう》したといわれますが、母は極楽へ往生《おうじょう》しているのでしょうか。

答

親戚《しんせき》や知人が亡くなった時、その家族にお悔《く》やみの言葉を述べますと、決まったように故人の臨終の安らかであったことが強調されます。

「何の苦しみもせずに、死にました」「眠《ねむ》るように息絶えました」「微笑《びしょう》を浮《う》かべて、亡くなりました」と、みんな安らかな臨終であったことを繰《く》り返《かえ》されますが、そんなことにあまり興味も関心もありませんので聞き流しています。
しかし、世間では臨終の死に様を大変気にします。邪教《じゃきょう》は、それにつけこんで故人の死後をあれこれ問題視します。特に肉親の臨終の相《すがた》に一喜一憂《いっきいちゆう》するのは、決してあなただけではないでしょう。
だが、親鸞聖人《しんらんしょうにん》は臨終の有様と後生《ごしょう》とは、全く関係ないと教えられています。弥陀《みだ》に救われて浄土往生間違《じょうどおうじょうまちが》いない身になっていましても、死にたい気持ちは毛頭ありませんし、病気になれば苦しいし心細くもなると親鸞聖人《しんらんしょうにん》はおっしゃっています。

悲《かな》しきかな、愚禿鸞《ぐとくらん》、愛欲《あいよく》の広海《こうかい》に沈没《ちんもつ》し、名利《みょうり》の大山《たいせん》に迷惑《めいわく》して、定聚《じょうじゅ》の数《かず》に入《い》ることを喜《よろこ》ばず、真証《しんしょう》の証《しょう》に近《ちか》づくことを快《たの》しまず。恥《は》ずべし、傷《いた》むべし

（『教行信証《きょうぎょうしんしょう》』信巻《しんかん》）

情けない親鸞《しんらん》だなぁ。愛欲の広海に沈《しず》み切《き》り名誉欲《めいよよく》と利益欲に振《ふ》り回《まわ》され

て、仏になれる身（定聚《じょうじゅ》）になったことを喜ばず、日々、浄土《じょうど》（真証《しんしょう》の証《さとり》）へ近づいていながら、少しも楽しむ心がない。なんと恥《は》ずかしいことか、浅ましいことか。

と悲嘆《ひたん》なされています。

また『歎異抄《たんにしょう》』には、

浄土《じょうど》へ急《いそ》ぎ参《まい》りたき心《こころ》のなくて、いささか所労《しょろう》のこともあれば、死《し》なんずるやらんと心細《こころぼそ》く覚《おぼ》ゆる
（『歎異抄《たんにしょう》』第九章）

浄土《じょうど》へ早く往《ゆ》きたい心もないし、ちょっとした病気にでもなると〝こんど死ぬのではなかろうか〟と心細く思えてくる。

と述懐《じゅっかい》されたとあります。

死にたい心はさらさらないし、ちょっと体が不調になると、死ぬのではなかろうかと心細くなってくる。苦しみの人生とは知りながら、この世の執着《しゅうじゃく》は少しもなくならない。

この煩悩熾盛《ぼんのうしじょう》*はなんということかと悲嘆《ひたん》され、こんな親鸞《しんらん》が無碍《むげ》の世界に救いとられたとは、弥陀《みだ》の不可思議の願力《がんりき》であったと感泣慶喜《きょうき》なされております。

蓮如上人《れんにょしょうにん》も、

法然上人《ほうねんしょうにん》の御詞《おんことば》に曰《いわ》く、「浄土《じょうど》をねがう行人《ぎょうにん》は、病患《びょうげん》をえて偏《ひとえ》にこれを楽《たの》しむ」とこそ仰《おお》せられたり。然《しか》れども、強《あなが》ちに病患《びょうげん》をよろこぶ心更《こころさら》に以《もっ》て起《お》こらず、浅《あさ》ましき身《み》なり、慚《は》ずべし、悲《かな》しむべきものか

（『御文章《ごぶんしょう》』四帖）

法然上人《ほうねんしょうにん》は、「弥陀《みだ》に救われた人は、病気になると楽しむ」とおっしゃっているが、蓮如《れんにょ》には、病気を喜ぶ心など少しもない。なんと浅ましいこと

＊煩悩熾盛　欲や怒り・ねたみそねみの煩悩が激しいこと。

か、恥《は》ずかしいことか。

とおっしゃっています。弥陀《みだ》に救われても、決して死にたくはならないのですから苦しいに違《ちが》いありません。

覚如上人《かくにょしょうにん》は、

一切衆生《いっさいしゅじょう》のありさま、過去《かこ》の業因《ごういん》まちまちなり、また死《し》の縁無量《えんむりょう》なり、病《やまい》におかされて死《し》する者《もの》もあり、剣《つるぎ》にあたりて死《し》する者《もの》もあり、水《みず》に溺《おぼ》れて死《し》する者《もの》もあり、火《ひ》に焼《や》けて死《し》する者《もの》あり、乃至寝死《ないししんし》する者《もの》もあり、酒狂《しゅきょう》して死《し》するたぐいあり。これみな先世《せんぜ》の業因《ごういん》なり。更《さら》にのがるべきにあらず（執持鈔《しゅうじしょう》）

あらゆる人の過去の因《たね》まきは、千差万別、億差兆別、一人一人異なるのだから、どんな死に方するかもまちまちである。病気で死ぬ人もあれば、剣《つるぎ》で斬《き》られて死ぬ人もある。水に溺《おぼ》れて死ぬ人、火に焼かれて死ぬ人、寝《ね》たまま亡くなる人もあれば、酒に飲まれて死ぬ人もある。これらはみな、その人の過去の因《たね》まきの結果であるから、どうにも逃《のが》れることはできないことなのである。

もし怨敵《おんてき》のために害《がい》せられれば、その一刹那《いっせつな》に凡夫《ぼんぶ》として思《おも》うところ、怨《おん》結《けつ》のほか何《なん》ぞ他念《たねん》あらん（口伝鈔《くでんしょう》）

もし、憎《にく》い相手に殺されれば、その時の思いは、恨《うら》み呪《のろ》いのほかに何があろうか。

とおっしゃっていますように、信、不信ともに死の縁無量ですから、どんな死に様をするやら分かりません。

たとえ信心獲得《しんじんぎゃくとく》していなくても、安らかそうな死に方（薬物などによる安楽死など）をする人もありましょう。弥陀《みだ》に救われている人でもつらい肉体の病なら苦しみもするでしょう。

問題は、臨終の相《すがた》ではなく平生に後生《ごしょう》の一大事《いちだいじ》が解決できているか、どうかなのです。

平生に真心徹到《しんじんてっとう》*しておれば、臨終が正念《しょうねん》であろうが、狂乱《きょうらん》しようが、一遍《いっぺん》の念仏《ねんぶつ》も称《とな》えずに死のうが、浄土往生《じょうどおうじょう》は間違《まち》いないのです。

それを覚如上人《かくにょしょうにん》は、次のように教示されています。

然《しか》れば平生《へいぜい》の一念《いちねん》によりて往生《おうじょう》の得否《とくひ》は定《さだ》まれるものなり。平生《へいぜい》のとき不定《ふじょう》の念《おもい》に任《じゅう》せばかなうべからず。平生《へいぜい》のとき善知識《ぜんぢしき》の言葉《ことば》の下《した》に帰命《きみょう》の一念《いちねん》を発得《ほっとく》せば、そのときをもって娑婆《しゃば》のおわり臨終《りんじゅう》とおもうべし（執持鈔《しゅうじしょう》）

＊真心徹到　真実の信心（弥陀の救い）徹到のこと。明らかな弥陀の救いに値ったこと。

浄土《じょうど》へ往《ゆ》けるかどうかは、平生の一念《いちねん》で決まるのである。いま往生一定《おうじょういちじょう》＊の身になっていない人は、浄土《じょうど》へは往《ゆ》けないのである。

平生に善知識《ぜんぢしき》＊の教えに順《したが》って、一念《いちねん》の弥陀《みだ》の救いに値《あ》った時が、この世の終わり臨終である。

要《よう》は、平生に後生《ごしょう》は決定するのです。お母さんの信心が真実ならば、臨終のことは一切案ぜられる必要はありません。臨終のことが問題になるあいだは、不思議の弥陀《みだ》の救いがお分かりになっていないからです。

＊往生一定　浄土へ往けることがハッキリすること。
＊善知識　仏教を正しく教える人。

46

四つの仏法の角目とは何か

問

蓮如上人《れんにょしょうにん》は四つの角目《かどめ》を聞けと仰《おお》せられています。㈠阿弥陀仏《あみだぶつ》の本願《ほんがん》、㈡名号《みょうごう》のいわれ、㈢信心、㈣称名念仏《しょうみょうねんぶつ》、この意味を聞かせてください。

答

これは非常に大きな肝心《かんじん》の問題です。

角目《かどめ》とは要《かなめ》ということです。

たとえば、ある目的地に着くまでの十字路で、右に行くか左に行くか真っすぐ進むかによって、目的地に着けるかどうかが決定します。

私たちが仏教を聞くのは、あくまでも後生《ごしょう》の一大事《いちだいじ》を解決し、未来永遠に大満足の身になるためであることはご承知のことと思います。この目的を果たすに、四つの大切な角目《かどめ》があるということです。

第一は、阿弥陀仏《あみだぶつ》の本願《ほんがん》です。本願《ほんがん》とは阿弥陀仏《あみだぶつ》の本当の願いのことです。弥陀《みだ》の本願《ほんがん》には、「若不生者《にゃくふしょうじゃ》　不取正覚《ふしゅしょうがく》」といいまして、十方《じっぽう》の諸仏も呆《あき》れて見捨てて逃《に》げた私たちを「もし、生まれさせずば、仏のさとり（命）を捨てる」とまで弥陀《みだ》は誓《ちか》っておられます。

だから親鸞聖人《しんらんしょうにん》は、弥陀《みだ》の本願《ほんがん》を「若不生者《にゃくふしょうじゃ》のちかい」と言われています。

この「若不生者《にゃくふしょうじゃ》」（もし、生まれずば）の、生まれるということについて、親鸞聖人《しんらんしょうにん》は法友《ほうゆう》と大諍論《だいじょうろん》をなされてまで、これは現在、大安心・大満足の心に生まれさせるということであることを明らかにしてくださいました。

にもかかわらず、死んで仏に生まれさせるということだろうと誤解している人が非常に多くあります。そこで第一の角目《かどめ》で、弥陀《みだ》の本願《ほんがん》は、死んでから助けるという本願《ほんがん》ではないぞ、平生（平生業成《へいぜいごうじょう》）であることを教えられているのです。

第二の角目《かどめ》は、約束した通りに十方衆生《じっぽうしゅじょう》を救うために阿弥陀仏《あみだぶつ》が、兆載永劫《ちょうさいようごう》の修行によって十劫《じっこう》の昔*に南無阿弥陀仏《なむあみだぶつ》の六字の名号《みょうごう》を完成されたことです。

ゆえにこの南無阿弥陀仏《なむあみだぶつ》の名号《みょうごう》には、私たちの苦しみを除き楽を与《あた》える、抜苦与楽《ばっくよらく》、破闇満願《はあんまんがん》*の大功徳《だいくどく》があるのです。

これを聖人《しょうにん》は「和讃《わさん》」に、

無碍光如来《むげこうにょらい》の名号《みょうごう》と
かの光明智相《こうみょうちそう》とは
無明長夜《むみょうちょうや》の闇《やみ》を破《は》し
衆生《しゅじょう》の志願《しがん》をみてたまう
（高僧和讃《こうそうわさん》）

阿弥陀如来《あみだにょらい》の創《つく》られた名号《みょうごう》（南無阿弥陀仏《なむあみだぶつ》）には、果てしなき過去から苦しめてきた魂《たましい》の闇《やみ》を破り、どんな人をも永遠の幸福（大安心・大満足）に

＊十劫の昔　十劫とは果てしない長期間。
＊破闇満願　苦悩の根元である無明の闇（疑情）が破れ、「絶対の幸福に救いたい」という弥陀の願いが我々の身に満たされること。

する働きがある。

とおっしゃっています。

たとえれば名号《みょうごう》は、飲めばどんな病気でも治る妙薬《みょうやく》ですが、十劫《じっこう》の昔にできあがったことを聞いて、もう私たちの病気が治ったことだと勘違《かんちが》いしている人が少なくないのです。

しかしどんな妙薬《みょうやく》があっても、私が飲まなければ病気は治りません。当然です。ところが十劫《じっこう》の昔に、もう助かっているのだと言う人があるのです。とんでもない誤りです。これを十劫安心《じっこうあんじん》の邪義《じゃぎ》といいます。気をつけなければなりません。

第三の角目《かどめ》は、信心ということです。

信心とは、大功徳《だいくどく》の南無阿弥陀仏《なむあみだぶつ》の妙薬《みょうやく》を飲んで病気が完治したことをいうのです。

病気が完治したら治してくださった方に当然出るのがお礼の言葉です。そのお礼の言葉が念仏《ねんぶつ》であり、第四の角目《かどめ》なのです。顔中《かおじゅう》に飯粒《めしつぶ》をつけていても、ご飯を食べなければ腹はふくれません。何万遍《なんまんべん》お礼を言っても、薬を飲まなければ病気は治りません。

私が、弥陀《みだ》から名号《みょうごう》（南無阿弥陀仏《なむあみだぶつ》）を頂いて信心となり、往生一定《おうじょういちじょう》*の大安心から称《とな》えるのがご恩報謝の念仏《ねんぶつ》となるのです。

その上《うえ》の称名念仏《しょうみょうねんぶつ》は、如来《にょらい》わが往生《おうじょう》を定《さだ》めたまいし御恩報尽《ごおんほうじん》の念仏《ねんぶつ》と、心得《こころう》べきなり

（『御文章《ごぶんしょう》』五帖）

弥陀《みだ》に救われてからの念仏《ねんぶつ》は、弥陀《みだ》が私の浄土往生《じょうどおうじょう》を決定してくだされた、広大な恩徳《おんどく》に報いる念仏《ねんぶつ》である。

蓮如上人《れんにょしょうにん》が、朝夕、教えられていることです。

＊往生一定　浄土へ往けることがハッキリすること。

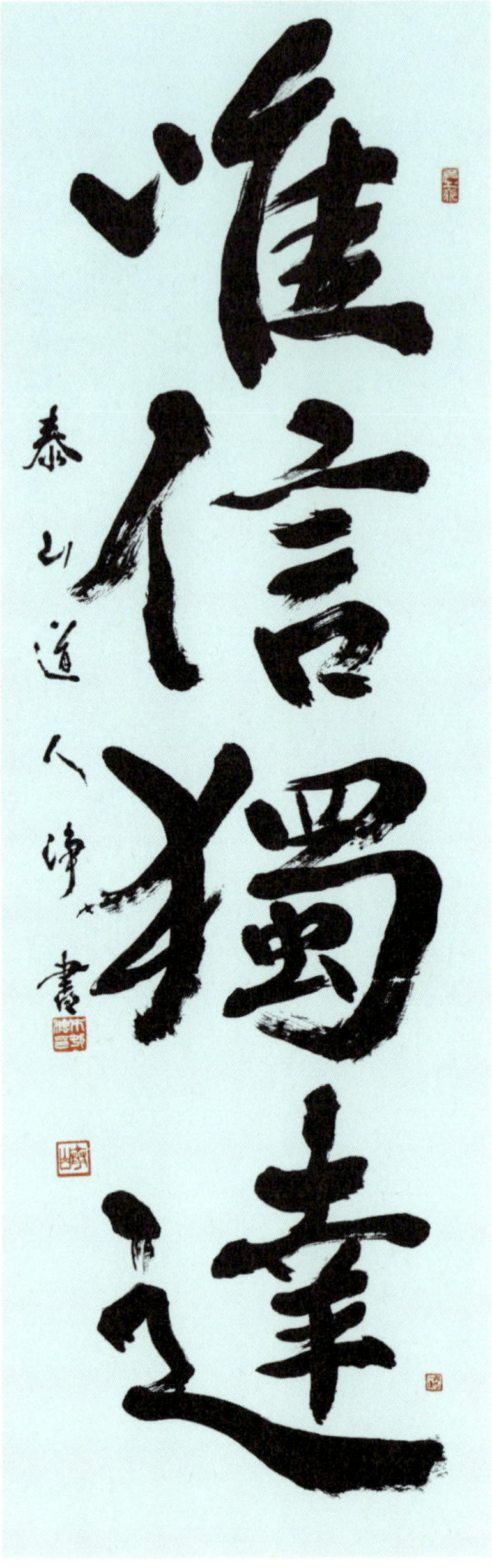

180×60㎝

47

無宿善の者は、どう求めてゆけばよいのか

問

仏法を求めて丸三年。私のような無宿善《むしゅくぜん》の者は、どう求めてゆけばよろしいのでしょうか。

答

昭和五十四年七月二十一日の新聞に、戦後七人目の比叡山《ひえいざん》の「千日回峰行《せんにちかいほうぎょう》」を達成した僧侶《そうりょ》の告白が載《の》っていました。

比叡山《ひえいざん》は、『法華経《ほけきょう》』の教えを如実《にょじつ》に修行しようとする天台宗の山です。

かつて、親鸞聖人《しんらんしょうにん》が九歳から二十九歳までの二十年間、大曼《だいまん》の難行《なんぎょう》までなさ

れたところです。

今でも、十二年間は比叡山《ひえいざん》にこもって、七年間は明けても暮れても叡山《えいざん》の峰《みね》から峰《みね》を歩き続ける、「千日回峰行《せんにちかいほうぎょう》」と呼ばれる荒行《あらぎょう》があります。

真夜中の零時前に起き、山上山下の行者道《ぎょうじゃどう》を三十キロ（七里半）を歩くのです。この間、堂塔《どうとう》ガランや山王七社《さんのうしちしゃ》、霊石《れいせき》、霊水《れいすい》など約三百カ所で所定の修行をします。

もちろん、雨、風、雪、病気になってもやめることはできません。もし途中《とちゅう》で挫折《ざせつ》した時は持参の短刀で自害するのが山の掟《おきて》になっています。徳川時代には多くの修行僧《しゅぎょうそう》が自害しています。

回峰行《かいほうぎょう》、五年目には九日間、堂にこもって断食、不眠《ふみん》、不臥《ふが》という「堂入り」があります。やせ衰《おとろ》え疲労《ひろう》も限界に来ると、自分の目玉さえ重く感じ、聴覚《ちょうかく》が異常に研《と》ぎ澄《す》まされ、線香《せんこう》の灰が落ちる音さえ「ドサッ」と聞こえる。最後は、ほとんど意識を失っていたと告白しています。ひょっとしたら死ぬかもしれぬという荒行《あらぎょう》です。

そこまでして、結局、何が得られたのかという問いに対してその僧《そう》は、「何もなかったかもしれぬ。ただ、私には千日歩いたという確かな足どりだけがある」と告白しています。

これでは、仏覚など夢のまた夢ですから、親鸞聖人《しんらんしょうにん》は、

自力聖道《じりきしょうどう》の菩提心《ぼだいしん》
心《こころ》も言葉《ことば》も及《およ》ばれず
常没流転《じょうもつるてん》の凡愚《ぼんぐ》は
いかでか発起《ほっき》せしむべき
（正像末和讃《しょうぞうまつわさん》）

常没流転《じょうもつるてん》の人間が、心も言葉も及《およ》ばぬ自力聖道《じりきしょうどう》の菩提心《ぼだいしん》を、どうして起こすことができようか。

と仰《おお》せになっています。

大体、浄土真宗《じょうどしんしゅう》の私たちは、生まれおちるより、阿弥陀《あみだ》さまの救いは、他力《たりき》じゃ、易行《いぎょう》じゃ、無条件じゃ、そのままじゃと聞かされてきたものですから、後生《ごしょう》の一大事《いちだいじ》といっても、その重さが分からずにいる人がほとんどです。

だから少し聞いて分からないと、「なんぼ聞いても分からん」「どうにもなれん」と不平を言ったり、聞かにゃよかったと謗法《ほうぼう》の大罪を平気で言うのです。

その「なんぼ」というのは、どれほどでしょう。一カ月に一日や二日聞いて、一年にどれだけの聞法になりましょう。

お茶、お花、書画、洋裁、和裁、編み物など、どれ一つとっても一人前になるには、並大抵《なみたいてい》のことではありません。

雨の日も風の日も、朝早くから夜遅《おそ》くまで休日・祝日を除いては、毎日、そのことばかりに没頭《ぼっとう》して漸《よう》く卒業できるのではありませんか。

しかも、それらの芸事にいくら熟達したところで、千日回峰行《せんにちかいほうぎょう》の僧《そう》のように、なんら人生の根本的解決にはなりません。

「たわけ者、仏道を求むることは、大千世界を持ち上げるよりも重いことが分からんのか」と、軟心《なんしん》の菩薩《ぼさつ》（仏法を軽く見ている求道者）を叱《しか》った、龍樹菩《りゅうじゅぼ》薩《さつ》*の言葉を強く噛《か》みしめずにおれません。

無宿善《むしゅくぜん》だと知らされて、「無宿善《むしゅくぜん》だったら、どうしよう」と驚《おどろ》き立《た》つ人に、無宿善《むしゅくぜん》の人はありません。必ず弥陀《みだ》の救いに値《あ》えるのです。

「聞かせてもらいたい」の私たちの心より、「聞いてくれよ」の弥陀《みだ》のご念力が、ずーっと強いからです。

*龍樹菩薩　約1900年前、インドの人。仏教の諸宗からも尊敬され「八宗の祖師」とか「小釈迦」ともいわれている。

48

闡提の機とは、どんなことか

問

仏法を真剣《しんけん》に求めてゆくと、闡提《せんだい》の機が見えてくるといわれますが、闡提《せんだい》の機とはどんなことでしょうか。

答

闡提《せんだい》とは、梵語《ぼんご》で断善根《だんぜんごん》の衆生《しゅじょう》のことで、無信と訳されています。微塵《みじん》の善《ぜん》根《ごん》もないものをいいます。

信順《しんじゅん》を因《いん》と為《な》し、疑謗《ぎほう》を縁《えん》と為《な》し、信楽《しんぎょう》を願力《がんりき》に彰《あらわ》し、妙果《みょうか》を安養《あんよう》に顕《あらわ》さん

(『教行信証《きょうぎょうしんしょう》』後序《こうじょ》)

信ずる人はそれを因として、謗《そし》る者はそれを縁として、弥陀《みだ》の救いに値《あ》い永遠の幸福を得てもらいたい。そう念ずるばかりである。

親鸞聖人《しんらんしょうにん》の念願であります。

聖人《しょうにん》の仰《おお》せのように、謗法《ほうぼう》の者はまだ助かる縁がありますが、闡提《せんだい》は、全く助かる見込《みこ》みがありませんから、『涅槃経《ねはんぎょう》』には「死骸《しがい》のごとし」と説かれています。

親鸞聖人《しんらんしょうにん》は「逆謗《ぎゃくほう》の屍《しかばね》」とおっしゃっています。

これは真面目《まじめ》に死を凝視《ぎょうし》して、聞法求道しなければ見えてこない心です。

ある所に、よく喧嘩《けんか》をする菓子屋《かしや》の夫婦がありました。今日も、ささいなことから口争いとなり、ついには亭主《ていしゅ》は女房《にょうぼう》を殺すといい、女房《にょうぼう》は、殺すなら殺せと叫喚怒号《きょうかんどごう》となりました。

たまたま、そこへ通りかかった寺の和尚《おしょう》が、また始まったかと思って「どうしたんだ。あまり大きな声を出すと、人が寄ってきて笑うじゃないか。ほれほれ、あんなに子供が見ているぞ、やめなさい、やめなさい」

と仲裁に入りますが、亭主《ていしゅ》は頑《がん》としてきかない。

「和尚《おしょう》さん。今日という今日は、我慢《がまん》ならねえ。今日こそ、嬶《かかあ》を叩《たた》き殺してやる。捨てておいてくだされい」

女房《にょうぼう》も女房《にょうぼう》で、噛《か》みつかんばかりに逆上している。

「和尚《おしょう》さん、放っといてください。さあ！　殺せるものなら殺してみろ」

思案にくれた和尚《おしょう》は、「これほど、止めても聞き入れぬなら仕方がない。殺すと殺されると勝手にするがよかろう」と言って、店先の菓子《かし》をつかんで、「さあ、よいか。お前たちに、この菓子《かし》全部くれてやるから、好きなほど持ってゆけ」と、子供たちにばらまいた。

それを見た菓子屋《かしや》の夫婦が驚《おどろ》いた。

「和尚《おしょう》さん、何をなさる。そんなことされては、私たちが明日から商売できんじゃないですか」

と、和尚《おしょう》のところへ飛んで来た。

「なに！　明日からの商売。殺すとか、殺されるとか言っていたのは、お前さんらではなかったかい。今殺される人と、殺して牢屋《ろうや》へ入れられる人じゃないか。してみれば、お前さんらに、もう用事のない菓子《かし》じゃ」と、和尚《おしょう》が言うと、

「ああは言ったが、今晩また一緒《いっしょ》に寝《ね》るつもりじゃ」と言ったそうですが、私たちには、感情は激怒《げきど》している時も、その下に湖底のように静まり返っている心があります。

特に真剣《しんけん》に仏法を聴聞《ちょうもん》すると、この二つの心がハッキリと見えてくるのです。

死に直面すれば、一切が総くずれになり、真っ暗な後生《ごしょう》に泣かなければならないとあせっても、天王寺《てんのうじ》の鐘《かね》を蚊《か》が刺《さ》したほどにも思わぬ心が、腹底に横たわっていることに気づきます。

それは、地獄《じごく》へ堕《お》ちると聞いても驚《おどろ》かず、極楽へ往《ゆ》けると聞いても喜ばず、

お前の明日はないのだと言われても、急ぎもしなければ慌《あわ》てもしない。後生《ごしょう》の一大事《いちだいじ》に向かったら、金輪際、動かぬ心を仏教で闡提《せんだい》の機というのです。

上辺の心は、いま死んだら罪悪の報いが大変だと思っても、下の心は、悪を悪とも思わずトロンとしている心です。

ええ、あの人が死んだのかと驚《おどろ》いても、自分は大丈夫《だいじょうぶ》と後生《ごしょう》とも菩提《ぼだい》とも思わず、せせら笑っている心を闡提《せんだい》というのです。

因果の道理を聞かせて頂けば、何一つ矛盾《むじゅん》なく納得できるのですが、どうしても承知しない奴《やつ》が腹底にいて動かない。打っても叩《たた》いても、うんともすんとも言わない心です。

素直になって聞こうとすればするほど、ひねくれて素直にならぬ、箸《はし》にも棒にもかからぬ心で、大宇宙の諸仏が呆《あき》れて逃《に》げた屍《しかばね》の心です。

死骸《しがい》のようなこの闡提《せんだい》の機が、弥陀《みだ》の若不生者《にゃくふしょうじゃ》の念力に動かされ、絶対聞か

ん奴《やつ》と聞かされて、

謗法闡提《ほうぼうせんだい》　廻心皆往《えしんかいおう》（善導大師《ぜんどうだいし》）

謗法《ほうぼう》の悪人も闡提《せんだい》の極悪人も、弥陀《みだ》に救われれば、みな、極楽浄土《ごくらくじょうど》へ往《ゆ》けるのである。

不可称《ふかしょう》、不可説《ふかせつ》、不可思議《ふかしぎ》の弥陀《みだ》の願力《がんりき》に感泣せずにおれないのです。

49

定散の自心とは、どんなことか

問

定散《じょうさん》の自心《じしん》に迷うているから真実の信心が獲《え》られないのだと、親鸞聖人《しんらんしょうにん》はおっしゃっていると聞きましたが、定散《じょうさん》の自心《じしん》とはどんなことでしょうか。

答

お尋《たず》ねの定散《じょうさん》の自心《じしん》とは、親鸞聖人《しんらんしょうにん》の主著『教行信証《きょうぎょうしんしょう》』信巻《しんかん》の最初にあります。

末代《まつだい》の道俗《どうぞく》・近世《ごんせ》の宗師《しゅうし》、自性唯心《じしょうゆいしん》に沈《しず》んで浄土《じょうど》の真証《しんしょう》を貶《へん》し、定散《じょうさん》の自心《じしん》に迷《まよ》うて金剛《こんごう》の真信《しんしん》に昏《くら》し

(『教行信証《きょうぎょうしんしょう》』信巻《しんかん》)

一宗一派を開いた者たちも、「弥陀《みだ》も、その浄土《じょうど》も、我らの心の中にある。心のほかに、弥陀《みだ》や浄土《じょうど》を説くのは幼稚《ようち》な教え」と、真実の仏法をけなしている。

また念仏《ねんぶつ》を称《とな》えている人たちも、定散《じょうさん》の自心《じしん》に迷っているから、真実の信心が分からないのである。

と親鸞聖人《しんらんしょうにん》はおっしゃっています。

弥陀《みだ》や浄土《じょうど》を心の中のことだと教える者たちを、真実の仏法を知らないからだと痛打されたのが、

「末代《まつだい》の道俗《どうぞく》・近世《ごんせ》の宗師《しゅうし》、自性唯心《じしょうゆいしん》に沈《しず》んで浄土《じょうど》の真証《しんしょう》を貶《へん》し」

のお言葉です。

続いて、せっかく弥陀《みだ》一仏に向かい、念仏称《ねんぶつとな》える身になりながら、弥陀《みだ》の真の救いを知らない法友たちに覚醒《かくせい》を促《うなが》されたのが、

「定散《じょうさん》の自心《じしん》に迷《まよ》うて金剛《こんごう》の真信《しんしん》に昏《くら》し」

のお言葉です。

ここで聖人《しょうにん》がおっしゃっている、定散《じょうさん》の自心《じしん》とは何かのお尋《たず》ねに答えましょう。

これを知るには、まず後生《ごしょう》の一大事《いちだいじ》ということを知らなければなりません。

私たちは、やがて必ず死なねばなりません。誰《だれ》も逃《のが》れることのできないのが死です。死ねば来世であり、後生《ごしょう》といいます。

この後生《ごしょう》を真面目《まじめ》に凝視《ぎょうし》した時、罪の重い恐《おそ》ろしい自己が知らされ、底知れぬ不安が現れます。これを後生《ごしょう》の苦といいます。

世間一般《いっぱん》では、老後の心配まではしていますが、後生《ごしょう》を苦にしている人は見当たりません。教える人もなければ、真面目《まじめ》に後生《ごしょう》を考え凝視《ぎょうし》する人もいないからです。

教語開示《きょうごかいじ》すれども信用《しんよう》する者《もの》は少《すく》なし。生死休《しょうじや》まず、悪道絶《あくどうた》えず（大無量寿経《だいむりょうじゅきょう》）

どれだけ教えを説いても、信用する者が少ない。だから魂《たましい》の解決ができず、永遠に苦しみ続けなければならないのである。

と釈尊《しゃくそん》*は、概嘆《がいたん》されています。

ところが幸いにも、阿弥陀仏《あみだぶつ》の照育と善知識《ぜんちしき》*の教導によって、後生《ごしょう》の一大事《いちだいじ》を知らされて弥陀《みだ》の救いを求めてゆきますと出てくるのが、この定散《じょうさん》の自心《じしん》なのです。

定散《じょうさん》とは、定心《じょうしん》と散心《さんしん》のことであり、自心《じしん》とは自力《じりき》の心のことです。

定心《じょうしん》とは、息慮凝心《そくりょぎょうしん》といいまして、心を静めることです。弥陀《みだ》の救いは、乱れた心で称《とな》える念仏《ねんぶつ》よりも、心を静めて念仏《ねんぶつ》するほうがよかろうと思って称《とな》えるのを定心念仏《じょうしんねんぶつ》というのです。

＊釈尊　約2600年前、インドに生まれ、仏教を説かれた方。釈迦とも、世尊・ブッダともいわれる。
＊善知識　仏教を正しく教える人。

散心《さんしん》とは、廃悪修善《はいあくしゅぜん》といいまして、悪いことを慎《つつし》み善に向かって念仏《ねんぶつ》するのが、弥陀《みだ》の救いによかろうと思って称《とな》えるのを、散心念仏《さんしんねんぶつ》というのです。施《ほどこ》しをしたり、拾い物を届けたりした時、こんなに善いことをしているのだから、悪い所へは行かないだろうと思って称《とな》える念仏《ねんぶつ》をいうのです。

これら定心《じょうしん》・散心《さんしん》は、みな自力《じりき》の心ですから、「定散《じょうさん》の自心《じしん》」と聖人《しょうにん》は言われているのです。

弥陀《みだ》一仏に向かって念仏《ねんぶつ》を称《とな》えていても、自分の心の動・静や行為《こうい》の善《よ》し悪《あ》しで、助かるように思ったり助からぬように思ったりする心を、定散《じょうさん》の自心《じしん》というのです。

法（本願《ほんがん》）を仰《あお》げば称々念々常歓喜《しょうしょうねんねんじょうかんぎ》＊、機（自己）が照らされては念々称名常懺悔《ねんねんしょうみょうじょうさんげ》＊。善も欲しからず悪も恐《おそ》れずの無碍《むげ》の世界に出なければ、金剛《こんごう》の真実信心とはいえませんから、「定散《じょうさん》の自心《じしん》に迷《まよ》うて金剛《こんごう》の真信《しんしん》に昏《くら》し」と、親鸞聖人《しんらんしょうにん》は教誡《きょうかい》されているのです。

＊称々念々常歓喜　称える念仏のままが、喜びであること。
＊念々称名常懺悔　称える念仏のままが、懺悔であること。

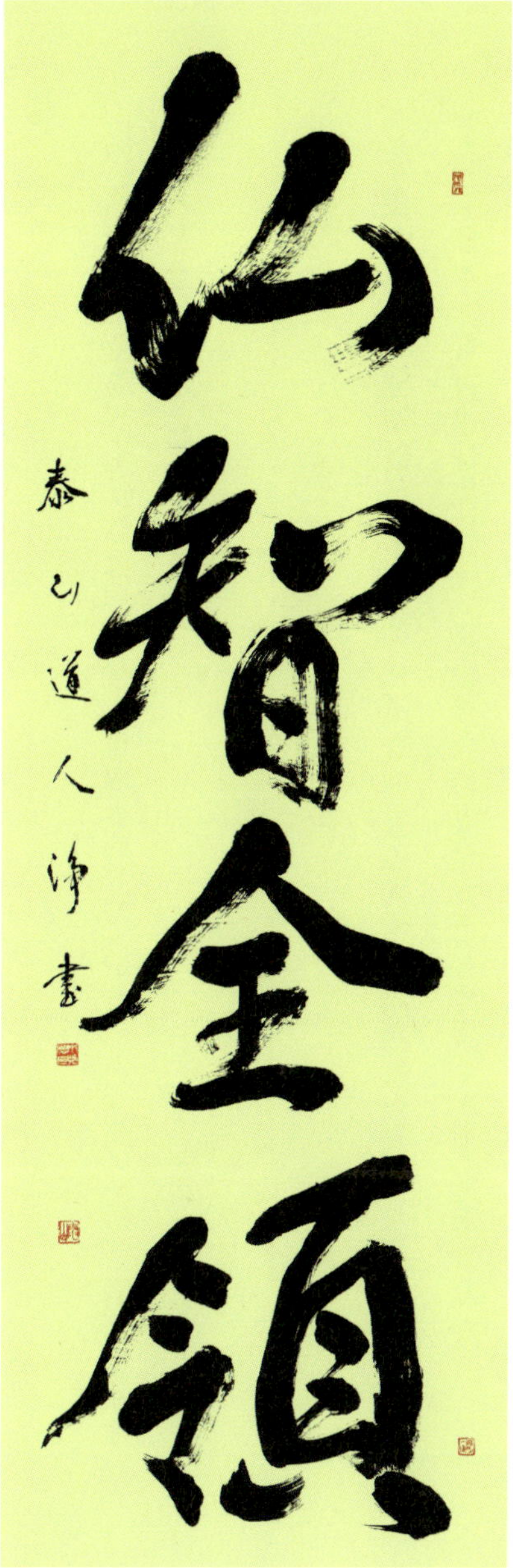

180×60cm

50

仏教の無我や空の真意

問

無我や空《くう》を説く仏教は、死後の世界を教えていないと言う仏教学者がいますが、どういうことでしょうか。

答

死後の地獄《じごく》・極楽は、インドの極端《きょくたん》な四姓差別《ししょうさべつ》する階級に信じられていたことで、日本でも封建時代《ほうけんじだい》には、階級社会の安全弁として説く必要があったが、今日《こんにち》のような自由社会では必要のないことだというのが、現今の風潮です。

近代ヒューマニズムの教育を受けた者が、仏教や、特に浄土真宗《じょうどしんしゅう》の教えに触《ふ》れたとき最初につまずく関門でしょう。

しかし死後の否定は、生死解脱《しょうじげだつ》を目的とする仏法の全面否定になります。生死解脱《しょうじげだつ》の本来の意味は、三界六道《さんがいろくどう》の生死輪廻《しょうじりんね》＊からの離脱《りだつ》ですから、来世や後生《ごしょう》を否定すれば解脱《げだつ》はありえません。

後生《ごしょう》を否定して仏法を理解しようとすることは、屋根と柱を抜《ぬ》きにして家を建てようとしているようなものです。後生《ごしょう》を説く仏教が誤りなら、それは釈尊《しゃくそん》の誤りです。

後生《ごしょう》や浄土《じょうど》の存在は、浄土経典《じょうどきょうてん》は無論のこと、他の多くの経典に説かれていることは周知の事実で、いまさら、根拠《こんきょ》を挙げる必要もないでしょう。

ではなぜ、こんな明白な事実が歪曲《わいきょく》されるのでしょう。所詮《しょせん》は、後生《ごしょう》も浄土《じょうど》も認められない人の事情からにすぎません。

後生《ごしょう》を否定する考えを断見《だんけん》といい、仏教では断見外道《だんけんげどう》と排斥《はいせき》されます。

また次《つぎ》に、聖人《しょうにん》は今現在《いまげんざい》の事《じ》を説《と》くに、実《じつ》に信《しん》ずべきが故《ゆえ》に、後世《ごせ》の

＊輪廻　円周を限りなく回り続けること。苦しみの果てしのないこと。

事《じ》を説《と》くもまた皆信《みなしん》ずべし。

人《ひと》の夜《よる》、険道《けんどう》を行《ゆ》くに、導師手《どうして》を授《さず》けんに、信《しん》ずべしと知《し》るが故《ゆえ》に、すなわち随逐《ずいちく》するが如《ごと》し、比智《ひち》及《およ》び聖人《しょうにん》の語《ご》もて定《さだ》んで後世有《ごせあ》るを知《し》るべし。汝《なんじ》は肉眼《にくげん》なり。重罪《じゅうざい》にして比智薄《ひちうす》きを以《もっ》ての故《ゆえ》に、又天眼無《またてんげんな》し。既《すで》に自《みずか》ら智無《ちな》く、また聖人《しょうにん》の語《ご》を信《しん》ぜず、云何《いかん》が後世《ごせ》を知《し》るを得《え》ん。

また次《つぎ》に、仏法《ぶっぽう》の中《なか》には、諸法《しょほう》は畢竟空《ひっきょうくう》にしてまた断滅《だんめつ》せず。生死相《しょうじそう》続《ぞく》すと雖《いえど》も、またこれ常《じょう》ならず、無量阿僧祇劫《むりょうあそうぎこう》の業因縁《ごういんねん》は過《す》ぎ去《さ》ると雖《いえど》も、また能《よ》く果報《かほう》を生《しょう》じて滅《めっ》せず、これを微妙《みみょう》にして知《し》り難《がた》しと為《な》す。

若《も》し諸法都《しょほうすべ》て空《くう》ならば、この品《ほん》（般若波羅蜜経往生品《はんにゃはらみつきょうおうじょうぼん》）中《ちゅう》に往生《おうじょう》を説《と》くべからず、何《いか》んが智有《ちあ》る者《もの》、前後相違《ぜんごそうい》せん。

若《も》し死生《ししょう》の相《そう》は実有《じつう》ならば、云何《いかん》が諸法《しょほう》は畢竟空《ひっきょうくう》なりと言《い》わん。

但諸法中《ただしょほうちゅう》の愛着《あいじゃく》、邪見《じゃけん》、顛倒《てんどう》を除《のぞ》かんが為《ため》の故《ゆえ》に畢竟空《ひっきょうくう》と説《と》く。後世《ごせ》を破《は》せんが為《ため》の故《ゆえ》に説《と》くにあらず。汝《なんじ》は天眼《てんげん》の明無《みょうな》きが故《ゆえ》に後世《ごせ》を疑《うたが》い、自《みずか》ら罪悪《ざいあく》に陥《おちい》らんと欲《ほっ》す。
この罪業《ざいごう》の因縁《いんねん》を遮《しゃ》せんが故《ゆえ》に、種々《しゅじゅ》に往生《おうじょう》を説《と》く
(大智度論《だいちどろん》)

このように、龍樹菩薩《りゅうじゅぼさつ》*が明らかに説かれているように、後生《ごしょう》を否定するのは断見外道《だんけんげどう》であり、断じて仏教ではありません。

ところが近頃《ちかごろ》は、仏教の生死解脱《しょうじげだつ》を死の不安からの解脱《げだつ》であるなどといって後生《ごしょう》を否定し、仏教の断見外道化《だんけんげどうか》が着々と進行しているようです。

仏教で説く空《くう》や無我を、後生《ごしょう》を否定することだと思うのは、「生滅《しょうめつ》あれども、断ならず、相続すれども、常ならず」と教える、仏教の真意を知らないからです。

これらは、仏教の唯識《ゆいしき》に詳説《しょうせつ》されていることですから、唯識《ゆいしき》を学ばなければ仏教は分からないといわれる所以《ゆえん》です。しかし、単なる学問として研究するだけでは唯識《ゆいしき》は分かりません。

＊龍樹菩薩　約1900年前、インドの人。仏教の諸宗からも尊敬され「八宗の祖師」とか「小釈迦」ともいわれている。

宿善開発《しゅくぜんかいほつ》して弥陀《みだ》の仏智《ぶっち》に冥合《みょうごう》すれば、曠劫流転《こうごうるてん》の真実の自己も、弥陀《みだ》や浄土《じょうど》の厳存も真知《しんち》されるのです。

分からないのは、定散《じょうさん》の自心《じしん》に迷うて金剛《こんごう》の真信《しんしん》に昏《くら》いからにほかなりません。

51

浄土真宗に秘密事があるのか

問

私の近所に信心を頂いたと言っている人が四、五人ありますが、その信心を尋《たず》ねても「それは言えないことになっている」、蓮如上人《れんにょしょうにん》も「内心に深くたくわえて」とおっしゃっているだろうと、一切話しません。

浄土真宗《じょうどしんしゅう》には、他人に言ってはならない秘密があるのでしょうか。

答

結論から言いますと、浄土真宗《じょうどしんしゅう》には一切、秘密はありません。親鸞聖人《しんらんしょうにん》は、如来《にょらい》の法には何かを弟子に隠《かく》そうとするような握拳《あくけん》はないと、明言されています。

握拳《あくけん》というのは、外道《げどう》で師匠《ししょう》が臨終に最愛の弟子にだけ特別なことを語り、その時にコブシを作って語るので、このようにいわれたのです。

一切、秘密のない浄土真宗《じょうどしんしゅう》を名乗る者が「私の信心は他人には言えない秘密である」などと言うのは、秘事法門《ひじほうもん》といってもいいでしょう。

秘事法門《ひじほうもん》といいますのは、親鸞聖人《しんらんしょうにん》が義絶なされた善鸞《ぜんらん》を祖として、七百年後の今日《こんにち》まで浄土真宗《じょうどしんしゅう》のあるところにはほとんど、根強く潜行伝播《せんこうでんぱ》している邪義《じゃぎ》で、「土蔵法門《どぞうほうもん》」とか、「かんかけ法門」とか、「不言講《いわずこう》」ともいわれています。

それらの人たちは裏法門ともいっています。

「不言講《いわずこう》」といわれますように、「決して、他人に語ってはならない。聞いた人は、仏法を謗《そし》ることになるから他人に話すことは、謗法《ほうぼう》の罪を造ることになる。蓮如上人《れんにょしょうにん》が、内心に深くたくわえて、世間通途《せけんつうず》の儀《ぎ》に従えと言われているのは、そのことである」と、秘密を正当化するために親鸞聖人《しんらんしょうにん》や蓮如上人《れんにょしょうにん》のお言葉を、このように解釈《かいしゃく》して言わないことの理由としています。

地下に潜《もぐ》って暗躍《あんやく》する秘密結社の形態をとり、また催眠術《さいみんじゅつ》の暗示と同じ方法を使って信者を増やしてゆきますから、その害毒は計り知れないものがあります。

真実信心を求める人は、その特徴《とくちょう》をよく心得ておかなければなりません。

その一つは、秘密の絶対厳守です。たとえ親子、夫婦の間でも口を割らないことです。徳川時代には漏《も》らしたら財産没収《ざいさんぼっしゅう》ということまであったといわれます。

二つには、談合はおもに夜分にされます。昼は避《さ》けられます。

三つには、善知識《ぜんぢしき》といわれる人は信心を授ける生き仏であるといわれます。

四つには、信心は儀式《ぎしき》によって与《あた》えられることになっています。

だから赤子でも、儀式《ぎしき》にあえば信心は獲《え》られるといいます。

儀式《ぎしき》は、ほとんど深夜、お内仏の前で行われますが、そのやり方は各地で異なります。

善知識《ぜんぢしき》と名乗る者は、必ず法脈相伝を記した巻物を持っています。それによると、法然上人《ほうねんしょうにん》から親鸞聖人《しんらんしょうにん》へ秘密相伝された秘法があるとされています。
場所は京都東山の「法渡《ほたる》の穴」であったと記しています。「法渡《ほたる》の穴」とは、知恩院《ちおんいん》の山手にある小さな岩屋で、現在「法垂窟《ほたるくつ》」の三字を刻んだ四角の石柱のある所だそうです。ここで法然上人《ほうねんしょうにん》と親鸞聖人《しんらんしょうにん》との間に、秘密相伝があったように言います。

秘密といえば、何か奥深《おくぶか》いものでもあるかのように見せかけようとしたものでしょう。しかし、それは信者の体をゆさぶって、信心を授けるというインチキ性の漏洩《ろうえい》を防ぐためのものでしかありません。
蓮如上人《れんにょしょうにん》は、これらの者たちを『御一代記聞書《ごいちだいききがき》』に、「切《き》り刻《きざ》みても飽《あ》くかよ」と憤激《ふんげき》されています。

秘事法門《ひじほうもん》といえることは、更《さら》に仏法《ぶっぽう》にてはなし。あさましき外道《げどう》の法《ほう》なり。

これを信《しん》ずる者《もの》は永《なが》く無間地獄《むけんじごく》に沈《しず》むべき業《ごう》にて徒事《いたずらごと》なり
（『御文章《ごぶんしょう》』二帖）

秘事法門《ひじほうもん》は、あさましい外道《げどう》の教えである。これらを信じている者は、無《む》間地獄《けんじごく》に堕《お》ちて永く苦しまねばならないであろう。

52

浄土真宗の掟とは、どんなことか

問

蓮如上人《れんにょしょうにん》は「領解文《りょうげもん》」の最後などにも「この上《うえ》は定《さだ》めおかせらるる御掟《おんおきて》、一期《いちご》をかぎり守《まも》り申《もう》すべく候《そうろう》」とおっしゃっていますが、浄土真宗《じょうどしんしゅう》の「おきて」とは、どんなことでしょうか。

答

あなたのような質問はよく頂きます。それだけ『御文章《ごぶんしょう》』に親しんでいられる人が多いということで結構なことですが、この掟《おきて》は今日《こんにち》、浄土真宗《じょうどしんしゅう》の発展の障害になっていることを悲しまざるをえません。

「掟《おきて》」とは、守るべき規則という意味ですが『御文章《ごぶんしょう》』を通読されればお分か

りのように、至る所に、

「他宗他門の人には沙汰《さた》すべからず」とか、外相《げそう》にあらわすべからず」

「内心に他力《たりき》の信心を深くたくわえて、

「諸法諸宗ともに、これを誹謗《ひぼう》すべからず」

「神社をかろしむることあるべからず」

「守護地頭を疎略《そりゃく》にすべからず」

と言われています。

これらの掟《おきて》を真宗の人たちは、ご都合主義に受け取り、自分さえ喜んでおればよいのだと、仏教で最も嫌《きら》われる我利《がり》我利《がり》亡者《もうじゃ》になり下がっています。

確かに『御文章《ごぶんしょう》』には、そのように誤解されても仕方のないところがありますが、これは当時の浄土真宗《じょうどしんしゅう》をとりまく、時代背景を知らないからです。

蓮如上人《れんにょしょうにん》当時は、真宗に対する世間の風当たりは猛烈《もうれつ》を極めました。蓮如上《れんにょしょう》人《にん》や真宗門徒に対する迫害《はくがい》の激しかったことは、興福寺《こうふくじ》にある記録を見ても明らかです。

蓮如上人《れんにょしょうにん》は何回も寺を焼き打ちされています。六方衆《ろっぽうしゅう》という真宗にウラミを持つ他宗の暴徒たちが、真宗門徒の家を破壊《はかい》して主人を呼び出し拷問《ごうもん》していま
す。

今日は何軒壊《こわ》したというふうに記録されているほどで、今日《こんにち》、想像もできぬ乱暴狼藉《らんぼうろうぜき》が門徒の人たちに加えられていたのです。

そこで蓮如上人《れんにょしょうにん》はやむをえず、一時、あのような掟《おきて》を作って、門徒の人々の生活を守らなければならなかったという事情があったのです。

こんな時代背景を知らないで『御文章《ごぶんしょう》』を読むと〝生命《いのち》をかけても仏法を伝えよ〟と教えられた釈尊《しゃくそん》や、親鸞聖人《しんらんしょうにん》の御意《みこころ》に反するように思われるのです。

親鸞聖人《しんらんしょうにん》は、

他力《たりき》の信《しん》をえん人は
仏恩報《ぶっとんほう》ぜんためにとて
如来二種《にょらいにしゅ》の廻向《えこう》を
十方《じっぽう》に等《ひと》しくひろむべし
（正像末和讃《しょうぞうまつわさん》）

阿弥陀仏《あみだぶつ》に救われた人は、その広大な仏恩《ぶっとん》に報いるために、賜《たまわ》った二つの宝を、すべての人にお伝えしなければならない。

と仰《おお》せられ、

如来大悲《にょらいだいひ》の恩徳《おんどく》は
身《み》を粉《こ》にしても報《ほう》ずべし
師主知識《ししゅちしき》の恩徳《おんどく》も
骨《ほね》を砕《くだ》きても謝《しゃ》すべし
（正像末和讃《しょうぞうまつわさん》）

阿弥陀如来《あみだにょらい》の高恩と、その本願《ほんがん》を伝えたもうた恩師（師主知識《ししゅちしき》）の深恩《じんおん》は、身を粉にしても、骨を砕《くだ》きても済まないのだ。

と、微塵《みじん》の報謝もできない身を嘆《なげ》かれています。

『唯信鈔文意《ゆいしんしょうもんい》』などには、こう記されています。

田舎《いなか》の人々《ひとびと》の、文字《もんじ》の意《こころ》も知《し》らず、あさましき愚痴《ぐち》きわまりなき故《ゆえ》に、やすく心得《こころえ》させせんとて、同《おな》じことをたびたびとりかえしとりかえし書《か》きつけたり。心《こころ》あらん人《ひと》は、おかしく思《おも》うべし。あざけりをなすべし。然《しか》れども、大方《おおかた》の謗《そし》りをかえりみず、一筋《ひとすじ》に、愚《おろ》かなるものを心得《こころえ》やすからんとて記《しる》せるなり

（唯信鈔文意《ゆいしんしょうもんい》）

あまり文字《もじ》の読めない田舎《いなか》の人たちにも、なんとか分かってもらいたいと、同じことを繰《く》り返《かえ》し、重ねて書いたのである。

教養のある人が見れば、おかしく思うだろう。あざける人もあろうが、どんな誹《そし》りも甘《あま》んじて受けよう。ただひたすらに、誰《だれ》にでも分かるように伝えたい一心で記したのである。

と、止《や》むにやまれぬ正法宣布《しょうぼうせんぷ》の熱い心情を述べていられます。

これが聖人《しょうにん》の他力信心《たりきしんじん》の躍動《やくどう》なのです。

それは蓮如上人《れんにょしょうにん》も同じです。

まことに一人《いちにん》なりとも信《しん》をとるべきならば身《み》を捨《す》てよ
（御一代記聞書《ごいちだいききがき》）

一人でもよい。仏法を聞く人があれば、どんな事情も後回しにして、命を捨ててても伝えなければならぬ。

と、必死の布教を勧《すす》められています。

今日《こんにち》は『御文章《ごぶんしょう》』にあるような掟《おきて》は、全く必要ありませんが、親鸞聖人《しんらんしょうにん》や蓮如上人《れんにょしょうにん》のように、身命を賭《と》して正法弘通《しょうぼうぐずう》に邁進《まいしん》することこそが、私たちの死守しなければならない浄土真宗《じょうどしんしゅう》の変わらざる掟《おきて》というべきでありましょう。

53

蓮如上人の破邪は、優しかったか

問

親鸞聖人《しんらんしょうにん》の破邪顕正《はじゃけんしょう》の厳しかったことはよく聞かせて頂いていますが、蓮如上《れんにょしょう》人《にん》は、ことなかれ主義で激しい破邪顕正《はじゃけんしょう》をなされなかったように思われますが、いかがなものでしょうか。

答

「他宗他門を誹謗《ひぼう》すべからず」とか、「内心に深くたくわえて外相《げそう》にあらわすな」とかおっしゃっているところを見ますと、いかにも蓮如上人《れんにょしょうにん》は、ことなかれ主義のようにも見えます。

しかしそれは、あくまでも蓮如上人《れんにょしょうにん》の一面であって、決して、諾々《だくだく》と大衆に迎合《げいごう》せられたものではありません。

事実、蓮如上人《れんにょしょうにん》の激しい破邪顕正《はじゃけんしょう》の言動は随所《ずいしょ》に見受けられます。『蓮如上人御一代記聞書《れんにょしょうにんごいちだいききがき》』の中から、その一、二をお示ししましょう。

たまたま蓮如上人《れんにょしょうにん》がお弟子たちと、大阪四天王寺《してんのうじ》の門前をお通りになりました。

時あたかも四月十五日で、牛頭天王《ごずてんのう》を祀《まつ》る祭礼が盛大に行われていて、幾千《いくせん》という参詣者《さんけいしゃ》で賑《にぎ》わっていました。その参詣者《さんけいしゃ》を指さされて蓮如上人《れんにょしょうにん》は、「あれほど多き人ども、地獄《じごく》へ堕《お》つべし」と、弟子たちに嘆《なげ》いておられます。

あんな多くの人が、神信心に集まっているがかわいそうじゃないか。みんな地獄《じごく》へ堕《お》ちることを知らないのだ。気の毒な人たちではないかと、お弟子たちに教誡《きょうかい》されています。

なんと痛烈《つうれつ》な批判でありましょう。

また、同じく『御一代記聞書《ごいちだいききがき》』には、

「堺《さかい》に住んでいた日向屋《ひゅうがや》という豪商《ごうしょう》は、三十万貫という大金を所持し、栄耀栄華《えいようえいが》を極めた日暮らしをして死んだが、仏にはなれないのだ。

それに比べて、大和《やまと》に住んでいた了妙《りょうみょう》は一枚の帷《かたびら》も持たない貧乏人《びんぼうにん》だったが、よく他力信心《たりきしんじん》を喜んでいたから、仏になるだろう」

と蓮如上人《れんにょしょうにん》はおっしゃっています。

これは社会的な地位や名誉《めいよ》や資産などの有無とは関係なく、ただ、他力《たりき》の信心の有無によって、その人の永劫《ようごう》の未来は決まることを道破して、「地獄《じごく》の沙汰《さた》も、カネ次第」などといわれている、世間の俗信《ぞくしん》を打《う》ち砕《くだ》かれた激しい破邪《はじゃ》のお言葉です。

特に蓮如上人《れんにょしょうにん》は、親鸞聖人《しんらんしょうにん》の説かれた真実の仏法を歪曲《わいきょく》する者には、歯をくいしばり、切りきざんでも、なおあき足らぬと、激怒《げきど》なされています。
親鸞聖人《しんらんしょうにん》の教えを乱していた、奥州《おうしゅう》の浄祐《じょうゆう》という者に対して、蓮如上人《れんにょしょうにん》は、

以《もっ》ての外《ほか》御腹立候《ごふくりゅうそうろう》て、「さてさて開山聖人《かいさんしょうにん》の御流《ごりゅう》を申《もう》しみだすことの浅《あさ》ましさよ、憎《にく》さよ」と仰《おお》せられ候《そうろう》て、御歯《おんは》をくい締《し》められて、さて「切《き》り刻《きざ》みても飽《あ》くかよ飽《あ》くかよ」と仰《おお》せられ候《そうろう》（御一代記聞書《ごいちだいききがき》）

蓮如上人《れんにょしょうにん》は、大変、怒《いか》りを露《あら》わにされて、「なんということだ。親鸞聖人《しんらんしょうにん》の教えを乱すとは言語道断。許せぬ憎《にく》い奴《やつ》」と、歯を食いしばられて「切り刻んでも飽《あ》きたらぬ」とおっしゃった。

と記録されています。
蓮如上人《れんにょしょうにん》の破邪顕正《はじゃけんしょう》が、いかに凄《すさ》まじかったかが窺《うかが》えます。

また、蓮如上人《れんにょしょうにん》から勘当《かんどう》された下間蓮崇《しもつまれんそう》という弟子が、なんとか許して頂けないかと、日々、悩《なや》んでいました。

蓮崇《れんそう》の先祖は、親鸞聖人《しんらんしょうにん》のお弟子で知られる蓮位房《れんにぼう》でありました。そこで蓮《れん》如上人《にょしょうにん》の側近の弟子であった慶聞房《きょうもんぼう》が、蓮崇《れんそう》の苦しみを見るに見かねて、しばしば蓮如上人《れんにょしょうにん》に蓮崇《れんそう》の赦免《しゃめん》をお願いしましたが、蓮如上人《れんにょしょうにん》は決して許そうとはされませんでした。

あまりしつこく、慶聞房《きょうもんぼう》が頼《たの》むので「今後、蓮崇《れんそう》のことを言い出す者は、その者ともに勘当《かんどう》いたす」と蓮如上人《れんにょしょうにん》は怒《おこ》られました。

今は、わが力及《ちからおよ》ばずと慶聞房《きょうもんぼう》は、蓮崇《れんそう》の赦免《しゃめん》を断念したといわれます。

これが蓮如上人《れんにょしょうにん》、八十五歳、ご臨終に近い時のことでありました。

臨終まで、長子・善鸞《ぜんらん》の勘当《かんどう》を許されなかった祖師聖人《そししょうにん》の厳しさを、ほうふつとさせるではありませんか。

54

真実の信心に、失せることがあるのか

問

『御文章《ごぶんしょう》』二帖目一通に、「さりながら、そのまま打捨《うちす》て候《そうら》えば、信心《しんじん》も失《う》せ候《そうろう》べし」とありますが、他力《たりき》の信心に失《う》せるということがあるのでしょうか。

答

あなたのご不審《ふしん》まことにごもっともで、昔から問題になっているところです。お尋《たず》ねの『御文章《ごぶんしょう》』の前後は、次のように書かれています。

抑《そもそも》、今度一七ヶ日報恩講《こんどいちしちかにちほうおんこう》の間《あいだ》に於《おい》て、多屋内方《たやないほう》もその外《ほか》の人《ひと》も、大略《たいりゃく》信心《しんじん》を決定《けつじょう》したまえるよし聞《き》こえたり。めでたく本望《ほんもう》これに過《す》ぐべからず。

さりながら、そのまま打捨《うちす》て候《そうら》えば、信心《しんじん》も失《う》せ候《そうろう》べし。「細々《さいさい》に信心《しんじん》の溝《みぞ》を浚《さら》えて、弥陀《みだ》の法水《ほっすい》を流《なが》せ」といえる事《こと》ありげに候《そうろう》（御文章《ごぶんしょう》）

今度の七日間の報恩講で、それぞれ大略信心《たいりゃくしんじん》を決定《けつじょう》したと聞いたが、これに過ぎる喜びはない。

だがそのまま放っておくと、信心が失《う》せてしまうから、「細々に信心の溝《みぞ》をさらい、弥陀《みだ》の法水《ほっすい》を流せ」といわれているから、よく心得なさいよ。


ここで問題なのは、大略信心《たいりゃくしんじん》と蓮如上人《れんにょしょうにん》がおっしゃっているのは、他力《たりき》の信心なのか、自力《じりき》の信心なのかということです。

他力金剛《たりきこんごう》の信心＊ならば、「そのまま打捨《うちす》て候《そうら》えば、信心《しんじん》も失《う》せ候《そうろう》べし」とあるのはおかしいし、自力《じりき》の信心のことをおっしゃったとすれば、「めでたく

＊金剛の信心　絶対に変わらない信心。

本望《ほんもう》これに過《す》ぐべからず」と言われているのが、おかしいことになります。

従って、古来、二様の解釈《かいしゃく》がなされています。

大略信心《たいりゃくしんじん》ということを、十人中、七、八人までという（人大略《にんたいりゃく》）意味だとして、他力《たりき》の信心とすれば「さりながら、そのまま打捨《うちす》て候《そうら》えば、信心《しんじん》も失《う》せ候《そうろう》べし。『細々《さいさい》に信心《しんじん》の溝《みぞ》を浚《さら》えて、弥陀《みだ》の法水《ほっすい》を流《なが》せ』」と言われているのは、「そのまま法縁《ほうえん》から遠ざかると、信心の妙味《みょうみ》も深まらず、もったいないことであるから、しばしば法縁《ほうえん》を求めて信味《しんみ》を深めなさいよ」ということになります。

そして他力《たりき》の信心であれば、「めでたく本望《ほんもう》これに過《す》ぐべからず」とおっしゃったのは当然のことになります。

これに対して、大略信心《たいりゃくしんじん》ということを、信心の大略を合点した（法大略《ほうたいりゃく》）自《じ》力《りき》の信心のことだと理解すれば、なんとか、それらの人の仏縁《ぶつえん》*を大事にして、他力《たりき》の信心まで誘導《ゆうどう》しようとされた蓮如上人《れんにょしょうにん》の巧《たく》みな与奪《よだつ》の説法と知らされま

*仏縁　阿弥陀仏との因縁。

す。

「大略信心《たいりゃくしんじん》を決定《けつじょう》したまえるよし聞《き》こえたり。めでたく本望《ほんもう》これに過《す》ぐべからず」と、一応、相手を褒《ほ》めて与《あた》えていられるのです。

その証《あかし》として慎重《しんちょう》に、「決定《けつじょう》したまえるよし聞《き》こえたり」という言い方で、蓮如上人《れんにょしょうにん》ご自身が、認めての言い方ではないことからも推測されます。

だから、「さりながら、そのまま打捨《うちす》て候《そうら》えば、信心も失《う》せ候《そうろう》べし。『細々《さいさい》に信心の溝《みぞ》を浚《さら》えて、弥陀《みだ》の法水《ほっすい》を流しなさいよ』」とおっしゃって、「失《う》せるのは他力《たりき》の信心ではないのですよ」と、全部奪《うば》いとって、「重ねて、重ねて、法《ほう》縁《えん》に遇《あ》って他力《たりき》の信心まで進みなさいよ」と教導されていることになります。

どこまでも一人の落伍者《らくごしゃ》も出さずに、他力信心《たりきしんじん》まで導こうと心砕《くだ》かれている、蓮如上人《れんにょしょうにん》のご親切に感泣せずにおれません。

180×60㎝

55

蓮如上人を非難する者の理由は何か

問

世間には、親鸞聖人《しんらんしょうにん》を大変尊敬しながら蓮如上人《れんにょしょうにん》を罵倒《ばとう》する人があります。蓮《れん》如上人《にょしょうにん》の、どんなところを非難するのでしょうか。蓮如上人《れんにょしょうにん》を尊敬されている、あなたには申し訳ありませんが教えてください。

答

あなたのお聞きの通り、蓮如上人《れんにょしょうにん》を弥陀《みだ》の化身《けしん》＊、祖師聖人《しょうにん》の再来、『御文章《ごぶんしょう》』は『教行信証《きょうぎょうしんしょう》』のエキスであり、凡夫往生《ぼんぶおうじょう》の手鏡と拝する人はたくさんあります。

反対に、ブルジョアと結託《けったく》して、庶民《しょみん》の信心を利用して搾取《さくしゅ》した政僧《せいそう》。僧《そう》と

＊化身　姿を変えたもの。

いうよりも戦国武将に似た怪物《かいぶつ》。五人の女に二十七人もの子を産ませ、しかも、仏の化身《けしん》のごとく己を拝ませた無慚無愧《むざんむぎ》の破戒僧《はかいそう》。『御文章《ごぶんしょう》』の内容は、親鸞《しんらん》聖人《しょうにん》の精神に反するものだと非難罵倒《ひなんばとう》する者もあります。

阿弥陀仏《あみだぶつ》の本願《ほんがん》さえ、信ずる者もあり、誹《そし》る者もあります。釈迦《しゃか》に提婆《だいば》あり、太子に守屋《もりや》あり、聖人《しょうにん》には弁円《べんねん》がありましたように、これは決して驚《おどろ》くべきことではないでしょう。

せっかくのお尋《たず》ねですから、蓮如上人《れんにょしょうにん》にどんな非難があるのか、それらの者の言い分をそのまま箇条書《かじょうが》きにしてみましょう。

蓮如《れんにょ》は、父・存如《ぞんにょ》が二十歳の時、本願寺《ほんがんじ》の召使《めしつか》いに産ませた子であった。六歳の頃《ころ》、その母が正妻の来ることを知って蒸発した。そんな女の子供でないか。八十五歳で死ぬまで、五人の妻に十三男、十四女、二十七人もの子を産ませ、末子は八十四歳の子であり、その時の妻は蓮如《れんにょ》よりも五十歳も若かった、不潔だ。

親鸞聖人《しんらんしょうにん》の最も嫌《きら》われた権力者に近づくために、四女を足利義政《あしかがよしまさ》に差し出し、そばめにした。ほかにも、そばめになった娘《むすめ》がいたが懺悔《ざんげ》がない。

比叡山《ひえいざん》の僧兵《そうへい》を向こうに回して戦い、地方の守護を打ち負かし他宗派を押《お》しつぶして、山科《やましな》に城郭寺院本願寺《じょうかくじいんほんがんじ》を建立した、世にもまれな組織力と統制力を持った、老獪《ろうかい》な政僧《せいそう》であり超一流《ちょういちりゅう》の山師である。

蓮如《れんにょ》は『御文章《ごぶんしょう》』に、存覚《ぞんかく》の法語を多く転用しているが、かの有名な「白骨のお文」なども後鳥羽上皇《ごとばじょうこう》が隠岐《おき》に流される前年に書いた文章を盗用《とうよう》したものである。使えるものは何でも利用した男である。

八十五歳で死ぬ前に、二度も自分の姿を多くの人に拝ませて死んだ。「お文《ふみ》をば如来《にょらい》の直説《じきせつ》と存《ぞん》ずべき由《よし》に候《そうろう》」「わがつくったるものなれども、殊勝《しゅしょう》なることよ」「わが言うことは金言《きんげん》なり」とか、自己顕示欲《じこけんじよく》の強い演出家であった。

親鸞聖人《しんらんしょうにん》は、いかなる国家権力にも屈《くっ》せず、堂々と真実を説き切られたが、蓮如《れんにょ》は「守護地頭《しゅごじとう》にむきても公事《くじ》をまったくすべし」とか、「王法《おうぼう》をもっておもてとし、内心には、他力《たりき》の信心をたくわえて、世間の仁義《じんぎ》をもって本《ほん》とすべし」「王法《おうぼう》は額《ひたい》にあてよ」などと言って、国権や官権に服従を強いたのは親鸞《しんらん》精神《せいしん》に反するものである。

などなど、すべてではありませんが、蓮如上人《れんにょしょうにん》は罵詈讒謗《ばりざんぼう》を受けておられます。

仏教では、一水四見《いっすいしけん》といいまして、一つの水でも、天人はルリと見、人間は水と見、餓鬼《がき》は火と見、魚は棲《す》み家《か》と見るといわれます。

「餓鬼《がき》は、水《みず》を火《ひ》と見《み》候《そうろう》があわれに候《そうろう》。自力執心《じりきしゅうしん》の人《ひと》が、他力《たりき》を知《し》らぬが悲《かな》しく候《そうろう》」と、法然上人《ほうねんしょうにん》は嘆《なげ》かれています。

蓮如上人《れんにょしょうにん》に対する評価の相違《そうい》は、年齢《ねんれい》、環境《かんきょう》、教養、思想にもよるでしょうが、根本的には他力真実《たりきしんじつ》の信心の有無によると思います。

あわれあわれ、存命《ぞんめい》の中《うち》に皆々信心決定《みなみなしんじんけつじょう》あれかしと、朝夕思《ちょうせきおも》いはんべり。まことに宿善《しゅくぜん》まかせとはいいながら、述懐《じゅっかい》の心暫《こころしばら》くも止《や》むことなし
（『御文章《ごぶんしょう》』四帖）

不憫《ふびん》だなあ、命のあるうちに、みなみな信心決定《しんじんけつじょう》してもらいたい。終日、思いつづけているのはそのことひとつである。
「宿善《しゅくぜん》まかせ」とは、よくよく知りつつも念ぜずにはおれないのだ。

これが、蓮如上人《れんにょしょうにん》の絶筆です。
この蓮如上人《れんにょしょうにん》の真意を知れば、何人《なにびと》といえども、その謗法《ほうぼう》の唇《くちびる》を閉じ、五体投地せずにはおれないでしょう。

56

念仏に三通りあるとはどんなことか

問

「念仏成仏《ねんぶつじょうぶつ》これ真宗《しんしゅう》」とか「ただ、念仏《ねんぶつ》して」ともありますが、念仏称《ねんぶつとな》えることで助かるのが浄土真宗《じょうどしんしゅう》ではないのでしょうか。

答

普通《ふつう》、念仏《ねんぶつ》といいますのは、口で南無阿弥陀仏《なむあみだぶつ》と称《とな》えることですが、親鸞聖《しんらんしょう》人《にん》は称《とな》え心《ごころ》の違《ちが》いによって、念仏《ねんぶつ》に三通りあると教えられています。

それはちょうど、涙《なみだ》を流していることは同じでも、悲しくて泣いている人もあれば、悔《くや》しくて泣いている人もあります。また嬉《うれ》しくて涙《なみだ》を流している人もあるようなものです。涙《なみだ》を流している人にも種々の心の違《ちが》いがあるのです。

同じ涙《なみだ》を流している人でも、悲《かな》し涙《なみだ》と嬉《うれ》し涙《なみだ》とは、心に雲泥《うんでい》の差がありますように、同じく南無阿弥陀仏《なむあみだぶつ》と口で称《とな》えている人でも、その称《とな》え心《ごころ》は大変異なるのです。

親鸞聖人《しんらんしょうにん》は、その称《とな》え心《ごころ》を大別して三通りあると教えられています。ですから、念仏《ねんぶつ》と一口でいっても三つの違《ちが》いがあるのです。

一つには万行随一《まんぎょうずいいち》の念仏《ねんぶつ》、二つに万行超過《まんぎょうちょうか》の念仏《ねんぶつ》、三つには自然法爾《じねんほうに》の念仏《ねんぶつ》と教えられています。

しかもこれは、決して親鸞《しんらん》の独断ではなく釈尊《しゃくそん》の教えだとおっしゃっています。

万行随一《まんぎょうずいいち》の念仏《ねんぶつ》は『観無量寿経《かんむりょうじゅきょう》』に説かれている念仏《ねんぶつ》であり、万行超過《まんぎょうちょうか》の念《ねん》仏《ぶつ》は『阿弥陀経《あみだきょう》』に説かれる念仏《ねんぶつ》である。

自然法爾《じねんほうに》の念仏《ねんぶつ》は『大無量寿経《だいむりょうじゅきょう》*』に説かれている念仏《ねんぶつ》であると教えられています。

＊大無量寿経　釈迦の説かれた七千余巻のお経の中で、唯一の真実の経。

その上で、親鸞聖人《しんらんしょうにん》の言われる念仏《ねんぶつ》は、『大無量寿経《だいむりょうじゅきょう》』に説かれる、自然法爾《じねんほうに》の念仏《ねんぶつ》であると教導されています。

ではこの三つに、どんな心の相異があるのでしょうか。

まず万行随一《まんぎょうずいいち》の念仏《ねんぶつ》は、いろいろの善と並べて念仏《ねんぶつ》は尊いことだから、称《とな》えればよいだろうと思って称《とな》える念仏《ねんぶつ》をいうのです。親に孝行しているし他人に親切もしている。念仏《ねんぶつ》も称《とな》えているから不幸にはならないだろう。死んでも悪いところへは行かないだろうと思って南無阿弥陀仏《なむあみだぶつ》、南無阿弥陀仏《なむあみだぶつ》と称《とな》えている念仏《ねんぶつ》をいいます。

次に万行超過《まんぎょうちょうか》の念仏《ねんぶつ》といいますのは、南無阿弥陀仏《なむあみだぶつ》には大功徳《だいくどく》がおさまっているのだから、親孝行や親切などの諸善とはケタ違《ちが》いの功徳《くどく》があると信じて、一心に称《とな》えている念仏《ねんぶつ》をいうのです。

これら万行随一《まんぎょうずいいち》の念仏《ねんぶつ》や万行超過《まんぎょうちょうか》の念仏《ねんぶつ》は、いずれも念仏《ねんぶつ》を称《とな》えた功徳《くどく》によって助かろうとしているのですから、自力《じりき》の念仏《ねんぶつ》といわれています。

　そしてこのような自力《じりき》の念仏《ねんぶつ》では、助からないと蓮如上人《れんにょしょうにん》は、「口《くち》にただ称《しょう》名念仏《みょうねんぶつ》ばかりを称《とな》えたらば、極楽《ごくらく》に往生《おうじょう》すべきように思《おも》えり。それはおおきに覚束《おぼつか》なき次第《しだい》なり」と、『御文章《ごぶんしょう》』に、何カ所も教えられています。

　三番目の自然法爾《じねんほうに》の念仏《ねんぶつ》とは、助けてもらおうと思って称《とな》える自力《じりき》の念仏《ねんぶつ》とは全く違《ちが》って、弥陀《みだ》の本願《ほんがん》を信ずる一念《いちねん》に絶対の幸福に救われた、ご恩報謝のお礼の心で南無阿弥陀仏《なむあみだぶつ》、南無阿弥陀仏《なむあみだぶつ》と称《とな》える念仏《ねんぶつ》をいいます。

　これを他力《たりき》の念仏《ねんぶつ》と教えられています。

「念仏成仏《ねんぶつじょうぶつ》」といわれる念仏《ねんぶつ》も、「ただ、念仏《ねんぶつ》して」といわれる念仏《ねんぶつ》も、弥陀《みだ》に救われて称《とな》える自然法爾《じねんほうに》の念仏《ねんぶつ》を親鸞聖人《しんらんしょうにん》は言われたものでありますから、よくよく心得ていなければなりません。

57

絶対の幸福になる唯一の道

問

蓮如上人《れんにょしょうにん》の『御文章《ごぶんしょう》』を拝読しますと「信心をもって本とする」とか、「一日も片時も急いで信心決定《しんじんけつじょう》せよ」とおっしゃっていますが、どうすれば早く信心《しんじん》獲得《ぎゃくとく》できるのか教えてください。

答

釈尊《しゃくそん》出世の本懐経《ほんがいきょう》である『大無量寿経《だいむりょうじゅきょう》』には、次のように説かれています。

設《たと》い大火《だいか》有《あ》りて三千大千世界《さんぜんだいせんせかい》に充満《じゅうまん》せんに、要《かなら》ず当《まさ》にこれを過《す》ぎてこの経法《きょうぼう》を聞《き》き、歓喜信楽《かんぎしんぎょう》し、受持読誦《じゅじどくじゅ》し、如説《にょせつ》に修行《しゅぎょう》すべし（大無量寿経《だいむりょうじゅきょう》）

これを親鸞聖人《しんらんしょうにん》は、分かりやすく、

たとい大千世界《だいせんせかい》に
みてらん火《ひ》をも過《す》ぎゆきて
仏《ぶつ》の御名《みな》を聞《き》く人《ひと》は
ながく不退《ふたい》にかなうなり
（浄土和讃《じょうどわさん》）

たとえ大宇宙が猛火《もうか》に包まれようとも、そのなか阿弥陀仏《あみだぶつ》の名号《みょうごう》（仏法）を聞く人は、早く絶対の幸福になれるのである。

蓮如上人《れんにょしょうにん》は、それを、
「火《ひ》の中《なか》を　分《わ》けても法《のり》は　聞《き》くべきに　雨風雪《あめかぜゆき》は　もののかずかは」
「仏法《ぶっぽう》には世間《せけん》の隙《ひま》（仕事）を闕《か》きて（止《や》めて）聞《き》くべし、世間《せけん》の隙《ひま》をあ

け て法《ほう》を聞《き》くべきように思《おも》うこと、浅《あさ》ましきことなり」

と、聴聞《ちょうもん》に極まるとおっしゃっています。

先徳にある人が、「ご面倒《めんどう》ですが一言聞かせてください」と言ったら、大喝《だいかつ》一声《いっせい》、

「何を言うか、凡夫《ぼんぶ》が仏になるほどの一大事を一口や二口で聞かせられようか。自力《じりき》の修行なさる人々は、無量永劫《むりょうようごう》の修行されても証《さと》られぬと嘆《なげ》かれているのに、一年や二年、聴聞《ちょうもん》して仏になろうという横着者だから救われぬのじゃ。命がけで聞けよ、別のことを聞くのじゃない。同じことを聞き聞きすると聞こえてくださるのじゃ」

と言われています。

いずれも、真剣《しんけん》な聴聞《ちょうもん》をお勧《すす》めになっているのは、それだけ後生《ごしょう》は一大事だからです。

ところが私たちは、夏に一匹の蚊《か》に襲撃《しゅうげき》されたほどにも思っていません。一

匹の蚊《か》でも気になって眠《ねむ》れないのに、後生《ごしょう》の一大事《いちだいじ》が苦になって眠《ねむ》れなかったということがないのです。なぜ、でしょう。

原因は、まだ死なないと無常を遠くに眺《なが》めているのと、自己の罪悪の重さに気がついていないからです。

親鸞聖人《しんらんしょうにん》が七高僧《しちこうそう》と言われる中の一人であります道綽禅師《どうしゃくぜんじ》の『安楽集《あんらくしゅう》』に、こんな例えが説かれています。

「たとえば、人有《ひとあ》りて空曠《くうこう》のはるかなる処《ところ》に於《おい》て、怨賊《おんぞく》の刀《かたな》を抜《ぬ》き勇《ゆう》をふるいて直《ただち》に来《きた》りて殺《ころ》さんと欲《ほっ》するに値遇《ちぐう》す。この人《ひと》、ただちに走《はし》るに一《ひと》つの河《かわ》を度《わた》らんとするを視《み》る。未《いま》だ河《かわ》に到《いた》るに及《およ》ばざるに、すなわちこの念《ねん》を作《な》さく。

『我《われ》、河《かわ》の岸《きし》に至《いた》らば衣《ころも》を脱《ぬ》ぎて渡《わた》るとやせん、衣《ころも》を著《つ》けて浮《う》かぶとやせん、若《も》し衣《ころも》を脱《ぬ》ぎて渡《わた》らんには唯恐《ただおそ》らくは暇《いとま》なからん。若《も》し、衣《ころも》を著《つ》けて浮《う》かばんには、また首領全《しゅりょうまった》くし難《がた》からんことを畏《おそ》る』と。そのとき、但一心《ただいっしん》に河《かわ》を渡《わた》る方便《ほうべん》をなすことのみありて、余《よ》の心想間雑《しんそうけんぞう》することなきがごとし。行者《ぎょうじゃ》もまたしかなり。阿弥陀仏《あみだぶつ》を念《ねん》ずる時《とき》、また彼《か》の人《ひと》の渡《わた》ることのみを念《ねん》じて、念々相次《ねんねんあいつ》いで、余《よ》の心想間雑《しんそうけんぞう》することなきがごとし」

殺そうとして、旅人の後ろから剣《つるぎ》を抜《ぬ》いて追いかけてくる怨賊《おんぞく》とは、激しい無常の風をたとえられたものです。

必死に逃《に》げる旅人の前方に、怒濤《どとう》逆巻く大河が現れて進めない。そこで旅人の心は迷う。着物を脱《ぬ》いで渡《わた》ろうか、着たままで飛《と》び込《こ》もうかと大混乱。着物を脱《ぬ》いで渡《わた》ろうとすると、帯が堅《かた》く締《し》まっていてなかなか解《ほど》けず、迫《せま》っている危機に間《ま》に合《あ》わない。着たまま河に飛《と》び込《こ》めば、泳げないから溺《おぼ》れ死《し》ぬだけである。

帯が堅《かた》く締《し》まって着物が脱《ぬ》げないとは、重い罪悪に苦しんでいることをたとえられたものです。

こんな急迫《きゅうはく》に震《ふる》える旅人のように、無常と罪悪にせめたてられて仏法を聞きなさいと、教えられた道綽禅師《どうしゃくぜんじ》の例えです。

こんな人が、居眠《いねむ》りしておれましょうか。ほかのことを考えてはいられません。

これを蓮如上人《れんにょしょうにん》は、

誰《だれ》の人《ひと》も、はやく後生《ごしょう》の一大事《いちだいじ》を心《こころ》にかけて、阿弥陀仏《あみだぶつ》を深《ふか》くたのみまいらせて、念仏申《ねんぶつもう》すべきものなり（白骨《はっこつ》の章《しょう》）

誰《だれ》の人も、早く後生《ごしょう》の一大事《いちだいじ》を心にかけて阿弥陀仏《あみだぶつ》の救いに値《あ》い、仏恩報謝《ぶっとんほうしゃ》＊の念仏《ねんぶつ》する身になってもらいたい。

とおっしゃっているのです。

＊**仏恩報謝**　阿弥陀仏のご恩に報いること。

58

私でも助かる道があるのか

問

反省するにつけ、私はつくづく悪人だと思います。こんな者でも助かる道があるのでしょうか。

答

あなたが「こんな者」とおっしゃるのは、どんな人のことでしょうか。どんな人でも、どこか自分には少しくらいはいいところがあると自惚《うぬぼ》れているものです。

そして、自分は反省し恥《は》じる心ぐらいは持っているとみな思っています。しかし、それはとんでもない錯覚《さっかく》なのです。

蓮如上人《れんにょしょうにん》が、吉崎御坊《よしざきごぼう》に滞在中《たいざいちゅう》、はるばる遠国から訪ねてきた人が、「私は、まことに浅ましい悪人でございます。こんな者でも助かる道があったら、どうか教えてください」と申し出ました時、蓮如上人《れんにょしょうにん》は、こうおっしゃっています。

「悪人を悪人と思わぬ者こそが、本当の悪人である。我が身を悪人じゃと分かっているそなたは、ことに勝《すぐ》れた善人さまじゃ。

蓮如《れんにょ》は、悪人の教導は申しつけられているが、善人さまのお相手はできませぬ」

俄《にわ》か雨《あめ》に遭《あ》って、困っているのを見て喜んでいます。犬に吠《ほ》えられて、狼狽《ろうばい》しているのを笑っています。向こう岸の火事は、楽しむ心があっても悲しむ心がありません。

鎮火《ちんか》すると「もう、消えたのか」と落胆《らくたん》する始末です。

そんな者でありながら、評価されたい、褒《ほ》められたい心しかありません。人を人とも思わず、親を親とも思わず、悪を悪とも感じない、ただ、食いたい飲みたい、楽がしたい眠《ねむ》たいより心が動きません。

是非《ぜひ》しらず
邪正《じゃしょう》もわかぬこの身《み》なり
小慈小悲《しょうじしょうひ》もなけれども
名利《みょうり》に人師《にんし》をこのむなり
（慚愧和讃《ざんぎわさん》）

是非《ぜひ》も、正邪《せいじゃ》も分からず、小さな慈悲《じひ》もない身でありながら、名誉欲《めいよよく》と利益欲と指導者意識《しどうしゃいしき》ばかりが旺盛《おうせい》で、全く私は狂《くる》っている。

悪人だと、自分にも他人にも恥《は》じる心のない、無慚無愧《むざんむぎ》の親鸞《しんらん》であるとおっしゃっています。

弥陀《みだ》の五劫思惟《ごこうしゆい》の願《がん》をよくよく案《あん》ずれば、ひとえに親鸞一人《しんらんいちにん》が為《ため》なりけり

（歎異抄《たんにしょう》）

五劫《ごこう》という永い間、熟慮《じゅくりょ》に熟慮《じゅくりょ》を重ねて建ててくだされた弥陀《みだ》の本願《ほんがん》は、全く、こんな親鸞《しんらん》一人のためでありました。

弥陀《みだ》が五劫思惟《ごこうしゆい》で、かかる無慚無愧《むざんむぎ》の極悪人と見抜《みぬ》いて、建ててくだされた阿弥陀仏《あみだぶつ》の本願《ほんがん》であったとは、感泣慶喜《かんきゅうきょうき》せずにおれないと親鸞聖人《しんらんしょうにん》はおっしゃっています。

若不生者のちかひゆゑ
信楽まことにときいたり
一念慶喜するひとは
往生かならずさだまりぬ

浄土和讃　泰巳謹書

●● 編集プロデュース

井狩 春男（いかり はるお）

昭和20年、埼玉県生まれ。

中央大学から出版業界へ。

ユーモアあふれる評論、エッセイで、テレビ、新聞、雑誌に幅広く活躍。世評は「ベストセラー鑑定人」。

『返品のない月曜日』『ベストセラーの方程式』『この本は一〇〇万部売れる』など著書多数。

本書の編集・装幀の一切は、弊社から特別依頼する。

●● 仏教の言葉の書

木村 泰山（きむら たいざん）

昭和16年、広島県生まれ。

法政大学卒業。書家。

日本書道振興協会常務理事、招待作家（実用細字部達人・かな部達人・詩書部達人。「達人」は、書道指導者の最高位）。

日本ペン習字研究会常任理事、全日本ペン書道展審査員。

元・読売書法展評議員。


〈本書に掲載されている書〉

●● 装幀・デザイン　遠藤 和美

●● カラー写真　　提供：アマナイメージズ

著者

高森 顕徹（たかもり けんてつ）

昭和４年、富山県生まれ。

龍谷大学卒業。

日本各地や海外で講演、執筆など。

著書『光に向かって100の花束』

『光に向かって123のこころのタネ』

『光に向かって心地よい果実』

『なぜ生きる』（監修）

『歎異抄をひらく』

『親鸞聖人の花びら』藤の巻

など多数。

親鸞聖人の花びら　桜の巻

教え、仏事、なぜなぜ問答

平成23年（2011）９月15日　第１刷発行

著　者　高森 顕徹

発行所　1万年堂出版

〒101-0052　東京都千代田区神田小川町2-4-5F

電話　03-3518-2126

FAX　03-3518-2127

http://www.10000nen.com/

公式メールマガジン「大切な忘れ物を届けに来ました★１万年堂通信」

上記URLから登録受付中

印刷所　凸版印刷株式会社

ISBN978-4-925253-52-9　C0015

古今の解説書が
明らかにできなかった『歎異抄《たんにしょう》』の謎《なぞ》を

大反響！

読者からのお便りを紹介します

「わかりやすい」の一言に尽きます。読み返すほどに伝わるものがあり、奥深く、涙があふれて……。感謝の言葉でいっぱい！

（北海道　72歳・女性）

非常にわかりやすく解説されている。その根拠もあげられているので、よく納得できる。今までの解説書は、一体なんだったのだろうか？

（岐阜県　81歳・男性）

主人が逝って、淋しく悲しんでいた時、救いを求めて読んだ。何度も何度も読み返し、心が救われた。一生大事にできる書物だと思う。

（福島県　68歳・女性）

育児も終え、これからは自分の時間を大切にしたい、人生を見つめ直したいと思っている時に、この本が目にとまりました。親鸞聖人の言葉のように、この世のことは全て、たわごとであり、まことは一つもない！と、思います。生きる目的を断言された親鸞聖人のお言葉が聞けました。

（福井県　47歳・女性）

これまで著者の違う『歎異抄』解説書を七冊購入して読破しましたが、今回の『歎異抄をひらく』が一番良かった。

（広島県　71歳・男性）

人生に迷いがあり、知人が亡くなっていく姿に悲しさを感じていた時に、この本と出会いました。私に残されている時間の使い方にヒントを頂きました。明るい方向に向かって生きていきたい。

（山梨県　54歳・女性）

親鸞聖人の答えは明快だ！

なぜ生きる

高森顕徹 監修
明橋大二（精神科医）
伊藤健太郎（哲学者）著

こんな毎日のくり返しに、
どんな意味があるのだろう？

親鸞聖人の答えは、簡潔で明快だ。「生きる目的は、金でもなければ財でもない。名誉でもなければ地位でもない。人生苦悩の根元を断ち切られ、〝よくぞ人間に生まれたものぞ〟と生命の歓喜を得て、未来永遠の幸福に生きること」である。

◎定価1,575円（5％税込）四六判 上製
368ページ ISBN4-925253-01-8

［主な内容］

- 人生を暗くする元凶は何か
  ――正しい診断が急務
  この坂を越えたなら、幸せが待っているのか？
  人生がよろこびに輝いていたのなら、
  ダイアナ妃の、自殺未遂五回はなぜだった？
- 診断――苦悩の根元は「無明の闇」
  煩悩と格闘された、若き日の親鸞聖人
- 無明の闇とは「死後どうなるか分からない心」
  「死んだらどうなるか」
  何かでごまかさなくては生きていけない
  不安だ。しかし、ごまかしはつづかない
- 「地獄は一定すみか」の自己との対面
  どんな悪い者だと痛感している人でも、
  自分は百パーセント悪いとは思っていない
- 「悪人」とは人間の代名詞――「悪人正機」とは
- 先を知る智恵をもって 安心して生き抜きたい
- なんと生きるとは、すばらしいことか
  「闇」に泣いた者だけに「光」に遇った
  笑いがあり、「沈んで」いた人にのみ
  「浮かんだ」歓喜がある